KUJAP시리즈

비즈니스 일본어

하라 미즈호(原みずほ) 저

도서출판 문

By Mizuho Hara, Associate Professor, Joetsu University of Education,
Graduate School of Education
1, Yamayashiki-machi, Joetsu-shi, Niigata, 943-8512, Japan

All rights reserved. No part of this publication may be reproduced, stored in a retrieval system, or transmitted in any form or by any means, electronic, mechanical, photocopying, recording, or otherwise, without the prior written permission of the publisher.

Published by Korea University Department of Japanese Language and Literature
Anam-Dong, Seongbuk-Gu, Seoul 136-701, Korea

First published 2011
Printed in Korea

はじめに

　本教科書は、将来日本企業や日本企業とかかわりのある企業で働きたいと考えている大学生のために、韓国と日本の両国で活躍できる人材になるように作りました。就職後にビジネス場面に適切な日本語表現を身につけ、コミュニケーションが図れるようになることを目指します。同時に、社会人として求められるマナー、日本企業や日本の大学生の就職活動事情、日本の地域の特色、韓国の諸事情に関して調べたり、クラスメートと議論をしたりすることによって、双方の事情について学びます。

　本教科書は日本語の初級レベルの学習を終えた中級レベルから上級レベルの学習者に適しています。初級で学ぶ基本的な文型・表現や語彙知識があり、それを使ってコミュニケーションができる方ならば、どなたでも学習を始められます。

　初級レベルを終えてすぐに使えるように、教科書の本文と解説・解答例には全てルビを振り、また、すべての文型は韓国語で説明しています。特に、文型・表現の解説は韓国語でしっかり理解するようにしましょう。

　中級レベル、上級レベルの方は、コミュニケーションスキルの向上を目指しましょう。日本と韓国ではコミュニケーション上のポイントが異なる場合があります。文型や表現を覚えることも重要ですが、コミュニケーション上のポイントを分析的に捉え、自分が伝えたいことをより的確に伝える力を身につけることも重要です。本教科書では、随所にそのヒントとなる説明や課題を設けています。

　最後に、みなさんにとって本教科書がビジネス日本語を学ぶための第一歩となり、輝かしい未来への布石となることを願っております。

본 교과서는 장래에 일본 기업이나 일본 기업과 관련 있는 기업에 일하고 싶다고 생각하고 있는 대학생을 위해, 한국과 일본 양국에서 활약할 수 있는 인재가 될 수 있도록 만들었습니다. 취직 후에 비즈니스 자리에서 적절한 일본어 표현을 몸에 익혀, 커뮤니케이션을 짤 수 있도록 되는 것을 목표로 합니다. 동시에 사회인으로서 요구되는 매너, 일본 기업이나 일본 대학생의 취업활동상황, 일본 지역의 특색, 한국의 여러 사정에 관해 조사하거나 학우들과 의논함으로서, 양쪽의 상황에 대해 배웁니다.

　본 교과서는 일본어 초급 레벨의 학습을 끝낸, 중급에서 상급 레벨 학습자들에게 적합합니다. 초급에서 배우는 기본적인 문형, 표현이나 어휘지식이 있고, 그것을 이용한 커뮤니케이션이 가능한 분이라면 누구라도 학습을 시작할 수 있습니다.

　초급 레벨을 끝낸 후 바로 쓸 수 있도록, 교과서의 본문과 해설, 해답에는 모두 덧말을 붙였으며, 모든 문형은 한국어로 설명했습니다. 특히 문형, 표현의 해설은 한국어로 확실하게 이해하도록 합시다.

　중급 레벨, 상급 레벨인 분은 커뮤니케이션 기술의 향상을 목표로 합시다. 일본과 한국에서는 커뮤니케이션상의 포인트가 다른 경우가 있습니다. 문형이나 표현을 외우는 것도 중요합니다만, 커뮤니케이션상의 포인트를 분석적으로 파악하고, 자신이 전달하고 싶은 것을 좀 더 정확히 전달하는 힘을 익히는 것도 중요합니다. 본 교과서에서는 이곳저곳에 그 힌트가 되는 설명이나 과제를 준비해놓았습니다.

　마지막으로 여러분에게 이 교과서가 비즈니스 일본어를 배우기 위한 첫걸음이 되며, 밝은 미래로의 포석이 되기를 바랍니다.

教科書の使い方

1.「考えよう」

　コミュニケーションのために分析的な目を磨くために行う課題です。各課を学習する前に、その課で設定された場面でのコミュニケーション上のポイントを考えましょう。たとえば、第2課の会話の場面は電話でアポイントを取るというものです。課題は「アポイントを取るときに話し方や態度で気をつけなければならないことは何だろう。それはなぜか」です。ペアやグループで話し合ってから、本文の会話例や表現を学習しましょう。

　そして、自分たちが考えたポイントが会話例に反映されているか、それとも反映されていないのかを確認してみましょう。自分たちが考えていたポイントと同じものもあれば、違うかもしれません。あるいは、まったく想像もしなかったことがポイントとして挙げられているかもしれません。「5.会話を検討しよう」では、自分たちが考えたポイントを会話例に反映させ、改善案を検討してみましょう。

2.「会話」

　本教科書では、韓国の会社と日本の会社との取り引きで行われる基本的な会話を

紹介しています。「4.表現」や「6.練習」に取り組む際に何度も確認しながら学習しましょう。

3.「新しいことば」

「2.会話」で使われている新出語のリストです。ビジネス場面で使われる単語と日本語能力試験の1級、2級レベルの単語を載せています。

4.「表現」

「2.会話」で使われている表現について重要な点を説明しています。文法説明のほかに、どのような場面で、どのように使うのかという社会的な文脈での適切さという側面からも整理しています。

5.「会話を見直そう」

「1.考えよう」とあわせて取り組む課題です。各課の学習を始める前に話しあったことをもとに、本文の会話例を検討しましょう。自分たちが考えたポイントを再検討し、会話例に反映させ、改善案を作ってみましょう。詳細は、上記を参考にしてください。

6.「練習」

　「4.表現」のなかでも特に重要な表現や使い方が難しいものを取り上げています。また、それらの表現を使って会話の練習ができるようにしています。会話の練習では、本文の会話を応用・発展させて練習しましょう。

　また、実際の会話を考えてみると、表現の仕方は一つではありません。みなさんもどのような表現の仕方があり得るか、複数の例を考えて、挑戦してください。本教科書付録の解答集にも複数の解答を例示していますので、参考にしてください。

7.「コラム」

　みなさんが就職してから社会人として求められるマナー、日本企業や日本の大学生の就職活動、日本の地域の特色、韓国の諸事情に関して学習します。本文と課題で構成しています。本文は重要な点を簡単にまとめたものです。この本文を手がかりに調べたり、議論をしたりできるように課題を設定しています。本文の情報に加え、各自の興味・関心に沿ってさらに必要な情報を調べたり、検討したりして学習を進めましょう。

1. 생각해 봅시다

커뮤니케이션을 위한 분석적인 눈을 단련하기 위해 행하는 과제입니다. 각 과를 학습하기 전에 그 과에서 설정된 장면에서의 커뮤니케이션상의 포인트를 생각합시다. 예를 들면 제2과의 회화 장면은 전화로 약속을 잡는 것입니다. 과제는 '약속을 잡을 때에 말투나 태도에서 주의해야 하는 점은 무엇일까? 그것은 왜인가?'입니다. 둘에서 혹은 그룹 별로 이야기를 나눈 후, 본문의 회화예문이나 표현을 학습합시다. 그리고 자신들이 생각한 포인트가 회화 예문에 반영되어 있는가, 아니면 반영되어 있지 않은가를 확인해 봅시다. 자신들이 생각하고 있던 포인트와 같은 것도 있는가 하면, 다른 것도 있을지도 모릅니다. 혹은 전혀 상상도 못했던 것이 포인트로서 제시되어 있을지도 모릅니다. '5. 회화를 검토합시다'에서는 자신들이 생각한 포인트를 회화 예문에서 반영시켜서, 개선안을 검토해 봅시다.

2. 회화

본 교과서에서는 한국 회사와 일본 회사와의 거래에서 행해지는 기본적인 회화를 소개하고 있습니다. '4. 표현'이나 '6. 연습'을 공부할 때 몇 번이고 확인하면서 학습합시다.

3. 새 단어

'2. 회화'에서 쓰이고 있는 새로운 단어 리스트 입니다. 비즈니스 자리에서 사용되는 단어와 일본어 검정능력시험 1급, 2급 레벨의 단어를 실어 놓았습니다.

4. 표현

'2. 회화'에서 쓰이고 있는 표현에 대해서 중요한 점을 설명하고 있습니다. 문법 설명 외에, 어떤 장면에서 어떤 식으로 쓰는가라는 등의 사회적인 문맥에서의 적절함이라는 측면에서도 정리해 두었습니다.

5. 다시 회화를 생각해 봅시다

'1. 생각해 봅시다'와 함께 행하는 과제입니다. 각 과의 학습을 시작하기 전에 이야기한 내용을 기반으로, 본문의 회화 예문을 검토합시다. 자신들이 생각한 포인트를 재검토하며, 회화예문에 반영시켜, 개선안을 만들어 봅시다. 자세한 것은 위의 글을 참고해 주시길 바랍니다.

6. 연습

'4. 표현' 중에서도 특히 중요한 표현이나 사용법이 어려운 것을 다루고 있습니다. 또한 이런 표현들을 사용해서 회화 연습을 할 수 있도록 해놓았습니다. 회화 연습에서는, 본문의 회화를 응용, 발전시켜 연습합시다.

7. 칼럼

여러분이 취업한 후 사회인으로서 요구되는 매너, 일본 기업이나 일본 대학생의 취업활동, 일본 지역의 특색, 한국의 여러 사정에 대해 학습니다. 본문과 과제로 구성되어 있습니다. 본문은 중요한 점을 간단히 정리한 것입니다. 이 본문을 기본으로 하여 조사하거나, 의논할 수 있도록 과제를 설정하였습니다. 본문의 정보와 더불어, 각자 흥미나 관심에 따라 한층 더 필요한 정보를 조사하거나 검토해서 학습을 진행합시다.

登場人物

● ソウル電気(でんきかぶしきがいしゃ)株式会社

    主人公(しゅじんこう)　　　　海外営業部(かいがいえいぎょうぶ)　洪(ホン)

    　　　　　　　　技術部(ぎじゅつぶ)　金(キム)

    　　　　　　　　IT部(ぶ)　宋(ソン)

● 取引先(とりひきさき)

    東京商事(とうきょうしょうじ)　　海外営業部(かいがいえいぎょうぶ)　中島(なかしま)

    　　　　　　　　社長(しゃちょう)　中村(なかむら)

    東京(とうきょう)メディカル　商品開発部(しょうひんかいはつぶ)　小林(こばやし)

    大阪商社(おおさかしょうしゃ)　　国際営業部(こくさいえいぎょうぶ)　田中(たなか)

    福岡(ふくおか)テクノロジー　海外営業部(かいがいえいぎょうぶ)　伊藤(いとう)

    ABC社(しゃ)　　　　松井部長(まついぶちょう)

    名古屋技研(なごやぎけん)　　加藤(かとう)

    北海道物産(ほっかいどうぶっさん)　国際広報部(こくさいこうほうぶ)　高木(たかぎ)

目次

はじめに / 3

教科書の使い方 / 5

登場人物 / 10

第1課　自己紹介をする ……………………………………… 13
　　[コラム] 名刺交換 ……………………………………… 24

第2課　同僚を紹介する ……………………………………… 27
　　[コラム] 挨拶 ……………………………………………… 45

第3課　電話を取り次いでもらう …………………………… 47
　　[コラム] 座席のマナー ………………………………… 57

第4課　アポイントを取る …………………………………… 61
　　[コラム] 日本各地の特産品 …………………………… 74

第5課　電話で依頼する ……………………………………… 77
　　[コラム] 就職人気企業 ………………………………… 101

第6課　依頼を承諾する ……………………………………… 103
　　[コラム] 就職活動 ……………………………………… 116

第7課	依頼を断る	119
	[コラム] 日本企業に挑戦①	130
第8課	お礼を言う	135
	[コラム] 日本企業に挑戦②	152
第9課	苦情を言う・謝る	155
	[コラム] 日本企業に挑戦③	170
第10課	意見を言う・提案する	175
	[コラム] 雇用形態の変化	195
	[コラム] 食文化とマナー	198
	[コラム] 結婚式・披露宴	200
付録	解答・解説	203
	第1課	205
	第2課	208
	第3課	215
	第4課	218
	第5課	221
	第6課	225
	第7課	228
	第8課	230
	第9課	236
	第10課	241

おわりに / 246

第1課　自己紹介をする

●●● 目標
・ビジネス場面で初対面の自己紹介ができるようになる。
・謙譲語はどのような場面でどのようなことを伝えるときに使うかを理解する。

●●● 考えよう
・自己紹介をするときに話し方や態度で気をつけなければならないことは何だろう。
　それはなぜか。

会話

　　ソウル電気の洪さんは海外営業部に勤務しています。今日は新規取引先の東京商事を初めて訪問しました。これから担当者の中島さんに会って、挨拶をします。初対面の挨拶では、関係作りの第一歩としていい印象を与え、名前と顔をしっかり覚えてもらいたいと思っています。

洪　はじめまして。私、ソウル電気の洪と申します。(名刺を渡す)

　　どうぞよろしくお願いいたします。

中島　はじめまして。東京商事の中島と申します。(名刺を渡す)

　　こちらこそ、どうぞよろしくお願いいたします。

新しいことば

電気	전기	訪問	방문	与える	주다, 부여하다
海外営業部	해외영업부	担当者	담당자	覚える	외우다, 기억하다
勤務する	근무하다	挨拶	인사	～と申します	～라고 합니다
新規	신규	初対面	첫 대면	名刺	명함
取引先	거래처	関係作り	관계 만들기	渡す	건네다
商事	상사	第一歩	첫걸음		
初めて	처음으로	印象	인상		

■ 表現

1 はじめまして。

첫 대면할 때의 일반적인 인사.

2 私、ソウル電気の洪と申します。

| 社名 | の | 姓 | と申します。 |

- 「私」는 「わたくし」라고 말한다. 생략해도 된다.
- 이름은 성만을 소개하는 것이 일반적이다.
- 자기소개 할 때 사장이나 부장 등의 직위가 있으면 「[회사명] [부서] (の) [직위] の [성] と申します」라고 말하면 된다. 예를 들면, 「三角商事国際営業部部長の佐藤と申します」라고 한다.

3 どうぞよろしくお願いいたします。

- 「お願いいたします」는 「お願いします」보다 더 정중한 표현.

4 こちらこそ、どうぞよろしくお願いいたします。

- 「こちらこそ」는 상대의 인사에 대한 답례를 할 때 쓴다.

第1課 自己紹介をする

会話を見直そう

「考えよう」에서 여러분이 중요하다고 지적한 것이 대화 예문에 반영되어 있습니까?
반영되어 있지 않다면 한 번 더 생각해 봅시다.

- 대화 예문에 각자가 지적한 것을 넣는 편이 좋다.
  → 대화 예문에 가필 수정해 보자.
- 대화 예문에 각자가 지적한 것을 넣지 않아도 된다.
  → 왜 넣지 않아도 되는지 이유를 명확하게 하자.

명함

- 칼럼을 읽고, 명함교환에 관한 매너에 대해 배워 봅시다.

```
ソウル電気株式会社

              海外営業部
             ホン ギル ドン
            홍 길 동 洪 吉 童

      ソウル特別市城北區安岩洞1-1-1
      TEL/FAX 82-2-123-4567 携帯82-12-3456-7899
      E-mail   hong_kd@seoulx.xx.kr(韓国語)
               hong_kd@seoulx.xx.jp(日本語)
```

- 명함 작성상의 주의점
  1. 성명을 한글이나 한자로 표기할 때, 읽는 법도 적어 둘 것.
  2. 이메일은 회사발행의 공식적인 메일주소와 일본어 폰트(font)가 사용 가능한 메일주소를 적어 둘 것.
  3. 전화는 국제전화인 것을 감안하여 국가번호를 적어 둘 것.

■ 練習

練習Ⅰ　自分の名刺を作ってみましょう。会社名、所属部署、役職なども決めましょう。

練習Ⅱ　練習Ⅰで作った名刺を使って、自己紹介をしましょう。

■ その他

- **名刺がないとき**

申し訳ございません。ただ今、名刺を切らしておりまして…。

- **相手の名刺がほしいとき**

恐れ入りますが、お名刺をいただけますでしょうか。

■ ポイント —敬語とは?—

　비즈니스 관계에서는 상대에 대한 경의를 나타내기 위해 경어를 사용합니다. 경어를 잘 가려 쓰는 것이 어렵다고 합니다만, 누구에 관해 이야기하는지를 생각하면 의외로 쉽게 가려 쓸 수가 있습니다.

　　　　1. 상대에 관한 것을 이야기할 때　　尊敬語(そんけいご)

　　　　2. 자신에 관한 것을 이야기할 때　　謙譲語(けんじょうご)

　　　　3. 그 외의 것을 이야기할 때　　　　丁寧語(ていねいご)

　존경어와 겸양어를 써야 할 때에 정중어를 사용하면 상대에 대한 배려가 부족한 오만한 사람으로 보일 수가 있습니다. 그 때문에 사람과 사람, 회사와 회사의 관계를 만들어가는 데에 있어서 불리해질 수 있습니다. 이 책에서는 상대와 자신의 관계, 말하고 싶은 내용을 파악하고 존경어와 겸양어를 적절하고도 자유자재로 사용할 수 있도록 하는 것을 목표로 합니다.

 分析しよう!

❶ 자기소개의 회화 예문에서 경어가 쓰이고 있는 부분에 선을 그읍시다.
❷ 각각의 표현은 존경어, 겸양어, 정중어 중에 어느 것으로 분류할 수 있습니까?

■ 謙譲語とは?

　여기서는 겸양어에 대해서 자세하게 배워 봅시다. 앞에서 배웠듯이 겸양어는 「자신에 관한 것」에 대해서 이야기할 때에 쓰는 경어표현입니다. 겸양어로 쓰는 것은 동사와 명사입니다. 동사는 「お/ご～します/いたします」의 형태가 되는 것과 특별한 형태를 쓰는 것이 있습니다. 다음의 예를 봐 주세요.

1　お/ご[動詞・ます形]します/いたします

　例　待ちます ➡ お待ちします/いたします
　　　報告します ➡ ご報告します/いたします

ポイント！

「お/ご」를 사용할 수 있는 동사와 사용할 수 없는 동사가 있으므로 주의합시다.

- 「お/ご」를 사용할 수 있는 동사:「사람에게/을(를)/-로 부터」등, 받는 사람(受け手)이 있는 행위.
  (人に)お知らせする　　(人に)お届けする　　(人に)お渡しする
  (人に)お見せする　　　(人に)お貸しする　　(人に)お借りする
  (人に)ご連絡する　　　(人に)お電話する　　(人を)ご案内する
  (人を)ご招待する　　　(人から)お預かりする、など

- 「お/ご」를 사용할 수 없는 동사: 화자(話手)의 개인적인 감정이나 행위.
  笑う、びっくりする、感激する、感動する、帰る、座る、結婚する、レポートを書く、など

第1課 自己紹介をする

2 特別な形(動詞)

例　言います ➡ 申します　　　　　見ます ➡ 拝見します/いたします

3 特別な形(名詞)

명사가 겸양어가 될 때는 원래의 형태가 바뀌어 특별한 형태가 됩니다.

例　我が社 ➡ 弊社、小社

分析しよう!

겸양어의「お/ご[動詞・ます形]します/いたします。」에 대해서 분석합시다.

❶「お～」와「ご～」는 어떻게 다를까요? 어떤 말에 대해「お」를 쓰고 또 어떤 말에 대해「ご」가 쓰일까요? 예문을 보고 생각해 봅시다.

❷「～します」와「～いたします」는 어느 것이 더 정중할까요? 그것은 왜일까요?

主な動詞の謙譲語

丁寧語(ます形)	謙譲語(ます形)
待ちます	お待ちします/いたします
持ちます	お持ちします/いたします
話します	お話しします/いたします
連絡する	ご連絡します/いたします
います	おります
会います	お目にかかります

行きます	参ります 伺います/お伺いします/お伺いいたします
来ます	参ります
言います	申します 申し上げます
知っています	存じております 存じ上げております
聞きます	伺います お伺いします/いたします 拝聴します/いたします(講演などを聞く場合に用いる)
尋ねます 聞きます* (*「質問する」の意味)	伺います お伺いします/いたします お尋ねします/いたします
見ます	拝見します/いたします
読みます	拝見します/いたします 拝読します/いたします
食べます	いただきます
します	いたします
あげます	さしあげます お渡しします お渡しいたします
もらいます	いただきます
くれます*	―

> 復習・確認

「くれます」에 겸양어가 없는 것은 왜일까?

■ 練習

練習Ⅲ　次の文を謙譲語にしましょう。

1. 資料を見ます。

   _____

2. 佐藤さんからお土産をもらいました。

   _____

3. 明日6時に会います。

   _____

4. 後日、連絡します。

   _____

5. 来月15日に行きます。

   _____

練習Ⅳ ペアで上司と新入社員に分かれ、会話練習をしましょう。謙譲語を適切に使ってください。

> 例 上司　　　：❶木下さんの住所がわからないんだけど…。
> 　　新入社員：そうですか。それでは、私が❷調べます。
> 　　　　　　　　　　　　　　　　　→ お調べします／いたします。

	❶	❷
例	木下さんの住所がわからない	調べる
1	プレゼンの準備をしなければならない	手伝う
2	傘を持っていない	貸す
3	昨日の取引先の様子を知りたい	すぐ報告する
4	コピーが一枚足りない	コピーをしてくる
5	昨年の売上を知りたい	確認して、連絡する

練習Ⅴ ペアで先生と学生に分かれ、会話練習をしましょう。謙譲語を適切に使ってください。

> 例 学生：先生、明日お時間がありますか。渡したいものがあるんですが。
> 　　　　　　　　　　　→ お渡ししたいものがある
> 　　先生：3時頃なら空いていますよ。

例	渡したいもの	3	聞きたいこと
1	連絡したいこと	4	借りたい本
2	報告したいこと	5	相談したいこと

第1課 自己紹介をする

コラム

名刺交換

　皆さんは名刺を持っていますか。名刺を作ったことはありますか。そのとき、どうして名刺を作らなければならないと思いましたか。また、韓国の社会ではいつ名刺を作って、どのように名刺交換をするのか知っていますか。

　韓国社会では、名刺は自分の職業と地位を相手に知らせて、自分をアピールする商業的手段としての機能が強いです。しかし、日本人に名刺は自分の顔であり、相手に自分の所属団体を明らかにすることで信頼感を与える手段として機能します。そのため、日本人は名刺を自分の人格及び品位として捉え、丁寧に扱い、相手の名刺も礼儀正しく受け取ります。名刺を渡す時は自分の所属とともに「よろしくお願いします/いたします」というあいさつの言葉を添えます。

　韓国と日本では名刺交換の習慣に異なる部分があります。名刺を渡すときの注意点を確認しましょう。

1) 仕事のときは必ず名刺を携帯しよう。
2) 名刺は必ず両手で渡す。韓国では片方の手をもう片方の手に添えて渡すのが礼儀正しい渡し方である。しかし、これは日本では片手だけで渡しているように見えて、失礼な印象を与えることがある。相手から差し出された名刺も両手で受け取る。相手の名刺はその方の顔だと考え、丁寧に扱うようにする。
 * 訪問者が先に名刺を渡す。訪問する時にはあらかじめ名刺入れを準備しておき、すぐに取り出せるようにしておく。

名刺を渡すとき

名刺を受け取るとき

3) 相手が職と名前をすぐに確認できるように渡す。字を指で覆わないようにしよう。

4) 相手の人数が多い時は応対する側から客人に名刺を渡す。順序は職位の高い人から先に交換する。

5) 「[社名]の[姓]と申します」とあいさつしながら渡す。

6) 名前が分からない時はどのように読むのか尋ねる。
「(失礼ですが、)どのようにお読みしたらよろしいでしょうか。」

7) 受け取った名刺をすぐに名刺入れにしまってはならない。また、韓国では受け取った名刺を名刺入れに入れずに、ポケットやかばん、財布などに入れてしまうことがあるが、これは失礼な振る舞いとして受け取られる。名刺は相手の顔でもあるため、丁寧に扱わなければならない。

8) 会談中は名前と顔を覚え、間違わないようにするために、名刺は名刺入れの上に置いて、机の上に置いておく。会談が終わったら、名刺を名刺入れに入れる。相手の人数が多い場合には、席順に名刺を並べて机の上に置いておくと、だれがどこにいるかわかる。相手の目の前で名刺にメモをしたりするのは失礼になるので注意しよう。

第2課 同僚を紹介する

●●● **目標**
・ビジネス場面で他者の紹介ができるようになる。

●●● **考えよう**
・他者の紹介をするときの話し方や態度で気をつけなければならないことは何だろう。
　それはなぜか。

会話

　ソウル電気の洪さんは、取引先の東京メディカルから医療機器開発の契約を取りたいと考えています。今日は同僚の技術者(金)と一緒に東京メディカルを訪れ、機能などを具体的に提案しながら営業をするつもりです。これから同僚を東京メディカルの商品開発部の小林さんに紹介します。同僚の紹介も自己紹介と同様に今後の関係作りの第一歩としていい印象を与え、名前と顔をしっかり覚えてもらいたいと思っています。

[応接室で]

小林 大変お待たせいたしました。本日は❶お暑い中お越しいただきまして、ありがとうございます。

洪 いえ、こちらこそお忙しい中❷お時間を取っていただきまして、ありがとうございます。
❸こちらは弊社の技術者の金でございます。
❹日本語も堪能ですので、どのようなご要望でもおっしゃっていただければと存じます。

小林 それは心強いですね。

洪 金さん、こちらは東京メディカルの小林様です。

金 ソウル電気の金でございます。

いつも大変お世話になりまして、ありがとうございます。
(名刺を渡す)

 小林でございます。

こちらこそお世話になっております。(名刺を渡す)

新しいことば

メディカル	메디칼	提案する	제안하다
医療機器	의료 기기	営業する	영업하다
開発(する)	개발(하다)	紹介する	소개하다
契約を取る	계약이 성립되다	同様な	같이, 같은 식으로
同僚	동료	今後	금후, 앞으로
技術者	기술자	忙しい	바쁘다
一緒に	같이	弊社	폐사, 우리 회사
訪れる	방문하다	堪能な	능통한, 뛰어난
機能	기능	要望	요청, 바람
具体的	구체적인	世話になる	신세를 지다, 도움을 받다

第2課 同僚を紹介する

■ 表現

1　大変(たいへん)お待(ま)たせいたしました。

- 방문객을 기다리게 했을 때 쓰는 말.
- 기다리게 한 시간의 정도에 관계없이 인사처럼 쓴다.

2　お暑(あつ)い中(なか)お越(こ)しいただきまして、ありがとうございます。
　　お忙(いそが)しい中(なか)お時間(じかん)をとっていただきまして、ありがとうございます。

お/ご	動詞(どうし)・ます形(けい)	いただきまして、ありがとうございます。
	動詞(どうし)・て形(けい)	ていただきまして、ありがとうございます。
	特別(とくべつ)な形(けい)の動詞(どうし)	いただきまして、ありがとうございます。

- 상대가 무엇을 해 주었을 때, 그에 대한 감사의 말.
- 행위자는 화자가 아니라 상대이지만 그 행위를「받는」쪽은 화자이다.
　때문에「いただく」라는 겸양어를 써서 표현한다.
- 文型(ぶんけい)の作(つく)り方(かた)

　❶ お/ご+[動詞(どうし)・ます形(けい)]+いただきます　　[例] ご+説明~~します~~+いただきます

　❷ [動詞(どうし)・て形(けい)]ていただきます　　　　　　[例] 説明(せつめい)していただきます

　❸ [特別(とくべつ)な形(かたち)の動詞(どうし)]いただきます
　　　[例] ご覧(らん)~~になります~~いただきまして、ありがとうございます。
　　　　　お越(こ)し~~になります~~いただきまして、ありがとうございます。

> お暑い中、お寒い中、お忙しいところ、遠いところ、 国名・地名 から

- 「~いただきまして、ありがとうございます。」와 같이 사용함으로써 상대방의 행위에 대한 감사의 뜻을 표할 수 있다.

  ポイント！
  거의 인사치레와 같은 말이지만 얕봐서는 안 된다. 상대방의 노고에 감사하는 표현이기 때문에 말하고 안 하고의 차이가 크다.

3 こちらは弊社の技術者の金でございます。金さん、こちらは東京メディカルの小林様です。

> こちらは弊社の 姓 です/でございます。

- 거래처가 손님(돈을 지불하는 쪽)일 경우, 우선 자기 회사의 사원을 먼저 소개한다.
- 소개하는 동료에게 직위가 있는 경우는 「[직위]の[성]です/でございます」라고 한다. 예를 들면「課長の李です/でございます」가 된다. 부서도 말할 때는「[부서]の[직위]の[성]です/でございます」라고 한다. 예를 들면「国際営業部の課長の李です/でございます」가 된다.

  ポイント！
  다른 회사의 사람과 이야기하고 있을 때 자기 회사의 사원에 대해 이야기하는 경우가 있다. 그때 자기 회사의 사원을 어떻게 불러야 할까? 일본에서는 상사라 하더라도「李」라고 부르고, 존칭과 직위를 붙이지 않는 것이 일반적이다. 따라서 자기의 상사를 다른 회사의 사람에게 소개할 때「こちらは李課長です/でございます」라고는 하지 않는다.

> こちらは 社名 の 姓＋さん/様/役職 です。

- 거래처를 자기 회사의 사원에게 소개할 때, 상대에게 직위가 있을 때는 「성+직위명+です」라고 소개한다. 특히 직위가 없는 경우와 「(부장이나 과장 등)대리」인 경우에는 「성+さん/様」라고 소개한다.

> **포인트!**
>
> 거래처의 상대에게 직위가 있는 경우 「직위」에 「さん」이나 「様」를 붙여서 부르는 경우가 있다. 예를 들면, 「佐藤部長さん」「佐藤部長様」 같은 경우이다. 그러나 「佐藤部長」라고 부르는 경우도 있다. 직위에 「さん」이나 「様」를 붙이는 것을 과도한 경어표현이라고 해서 싫어하는 사람도 있는 반면에, 「さん」이나 「様」를 붙이지 않으면 실례라고 생각하는 사람도 있다. 어느 쪽이 더 적절한지는 판단하기 어렵다. 가장 현실적인 방법으로는 맨 처음에는 「さん」이나 「様」를 쓰고 상대방이 어떤 표현을 쓰는지를 분석하여 상대방이 말하는 방식에 맞출 것을 권한다.

4 日本語も堪能ですので、どのようなご要望でもおっしゃっていただければと存じます。

- 「일본어를 잘 하니까, 어떤 요망이라도 말하세요」라는 의미.

> ~と存じます。

- 「存じます」는 「思います」의 겸양어.

> **포인트!**
>
> 「日本語が堪能ですので」라는 말로, 담당자의 뛰어난 능력과 장점을 상대방에게 자연스럽게 어필!

5 ソウル電気の金でございます。 小林でございます。

> ~です/でございます。

- 「ございます」는 「あります」의 정중어.
- 자기소개를 할 때는 「~です/でございます」와 「~と申します」 두 가지의 방식이 있다. 첫 대면이기에 상대가 자신을 모를 경우에는 「~と申します」를 쓴다. 다른 사람에게서 상대를 소개받거나 상대가 이미 자신의 이름을 알고 있을 것이라고 판단되는 경우에는 「~です/でございます」를 쓰는 것이 자연스럽다.
- 사장이나 부장 등의 직위가 있으면 「[회사명] [부서](の)[직위]の[성]です/でございます」라고 말한다.

| 6 | いつも大変お世話になりまして、ありがとうございます。 |

- 소개되는 상대가 이미 거래하고 있는 거래처의 사원인 경우에는 비록 첫 대면이라도 평소에 도움을 받고 있는 것에 대해 감사하는 말을 덧붙인다.

    ポイント！
    여기서 중요한 것은 자기가 직접 상대에게 도움을 받고 있는지 아닌지가 아니라 회사끼리 거래가 있는지 없는지이다.

 会話を見直そう

「考えよう」에서 여러분이 중요하다고 지적한 것이 대화 예문에 반영되어 있습니까?
반영되어 있지 않다면 한 번 더 생각해 봅시다.

- 대화 예문에 각자가 지적한 것을 넣는 편이 좋다.
    ➜ 대화 예문에 가필 수정해 보자.
- 대화 예문에 각자가 지적한 것을 넣지 않아도 된다.
    ➜ 왜 넣지 않아도 되는지 이유를 명확하게 하자.

■ 練習

練習Ⅰ 3人グループになり、同僚を紹介する場面を設定し、会話の練習をしましょう。会話例の下線部❶～❹を変えてください。❶は状況に合わせて[ ]から選んでください。❸と❹ではどんな人を紹介するか各自考えてください。

> **例**
>
> **場面**：あなたは営業担当者です。
> あなたは東京商事からHP作成の契約を取るために頑張っています。
> 今日は営業戦略として、○○が得意な者を取引先に紹介します。
>
> **作戦**：「○○が得意な者」の○○について作戦を立てましょう。HP作成の契約を取るために、あなたならどんな人を紹介しますか。その人は何が得意ですか。その人は取引先にどんな貢献をしてくれますか。
>
> ❶ [お暑い中 お寒い中 雨の中 お忙しいところ 遠いところ 韓国から]
> ❷ [取って 割いて]

■ ポイント －敬語－尊敬語とは？－

 分析しよう！

❶ 동료소개의 회화 예문을 보고 경어가 사용된 부분에 선을 그읍시다.
❷ 각각의 표현은 존경어, 겸양어, 정중어 중 어느 것으로 분류할 수 있습니까?

존경어에 대해서 자세하게 배워 봅시다. 앞서 배웠듯이 존경어는 「상대」에 대해서 이야기할 때에 쓰는 경어표현입니다. 존경어로 사용되는 것은 동사와 명사, い·な형용사입니다.

동사는 「お/ご~になります」、「~(ら)れます」의 형태가 되는 것과 특별한 형태를 사용하는 것이 있습니다. 다음의 예를 봅시다.

---

1 お/ご [動詞・ます形] になります

例 待ちます ➡ お待ちになります
報告します ➡ ご報告なさいます** します ➡ なさいます

> **ポイント！**
>
> 「お/ご」를 쓸 수 없는 동사도 있으므로 주의하자.
>
> 例 運転します ➡ ご運転なさいます(×) 運転されます/なさいます(○)
> 営業します ➡ ご営業なさいます(×) 営業されます/営業なさいます(○)
>
> - 「~ます」의 「ます」앞이 1음절의 동사에는 「お/ご」를 쓸 수 없다.
>   그러한 경우에는, 3.의 「동사・존경형」(ら)れます」를 쓴다.
>   例 得ます ➡ お得になります (×)   得られます (○)
>   *예외「出ます」→「お出になります」(○)
>
> - 부정적인 의미를 나타내는 동사에도 「お/ご」를 쓸 수 없다.
>   例 倒産しました ➡ ご倒産なさいました (×)   倒産されました/なさいました(○)
>   失敗しました ➡ ご失敗なさいました (×)   失敗されました/なさいました(○)

---

2 特別な形(動詞)

例 言います ➡ おっしゃいます
見ます ➡ ご覧になります

3 [動詞・尊敬形](ら)れます

例　待ちます ➡ 待たれます

　　報告します ➡ ご報告されます*　　*します ➡ されます

活用の仕方

Ⅰ　グループ(五段活用)

　書きます ➡ 書かれます
　kaki<u>masu</u>　kaka<u>remasu</u>　kak+a+remasu

Ⅱ　グループ(一段活用)

　食べます ➡ 食べられる
　tabe<u>masu</u>　tabera<u>remasu</u>　tabe+raremasu

Ⅲ　グループ(不規則活用)

　します ➡ されます
　来ます ➡ 来られます

ポイント！

존경의 정도는 「お/ご~になります」・「특별한 형태」＞「~(ら)れる」의 순서이다. 게다가 「~(ら)れる」는 수동표현이나 가능표현과 같은 형태이기 때문에 뜻을 알기 어려워지는 경우가 있다. 그렇기 때문에 비즈니스 관계에서는 가능한 한 사용하지 않는 것이 좋다.

● 명사의 존경어에는 다음과 같은 것이 있습니다.

4　事や物

例　貴社、御社、お宅、ご自宅、お手紙、ご住所、ご意見

5　状態

例　お元気、お忙しい、ご立派、ご病気

主な動詞の尊敬語

丁寧語(ます形)	尊敬語(ます形)	(「～(ら)れます」の形)
待ちます	お待ちになります	(待たれます)
持ちます	お持ちになります	(持たれます)
連絡する	ご連絡なさいます	(ご連絡されます)
会います	お会いになります	(会われます)
聞きます	お聞きになります	(聞かれます) (*講演などを聞く場合)
尋ねます 聞きます* (*「質問する」の意味)	お尋ねになります	(尋ねられます)
読みます	お読みになります ご覧になります	(読まれます)
話します	お話しになります お話なさいます おっしゃいます	(話されます) (お話されます)
行きます	お越しになります お出でになります いらっしゃいます (行かれます)	
来ます	お越しになります お出でになります 見えます/お見えになります いらっしゃいます (来られます)	
います	いらっしゃいます	
言います	おっしゃいます (言われます)	

知っています	ご存知です	
	ご存知でいらっしゃいます	
食べます	召し上がります	（食べられます）
します	なさいます	（されます）
見ます	ご覧になります	（見られます）
くれます	くださいます	
あげます	―	
もらいます	―	

復習・確認

「あげます」「もらいます」의 존경어가 없는 것은 왜일까?

練習

練習Ⅱ 次の文を尊敬語にしましょう。＊「〜(ら)れます」は使わないこと。

1. お客様は、何時に来ますか。
   _____

2. 佐藤部長さんは何を食べますか。
   _____

3. この資料を見ますか。
   _____

4. この資料を見てください。
   _____

5. 知っていますか。
   _____

練習Ⅲ あなたはソウルの日系企業に勤めていて、田中支店長の秘書をしています。田中支店長の一日のスケジュールを全て把握しておかなければなりません。

❶ 田中支店長の一日のスケジュールを「お/ご〜になります」または特別な形を使って表現しましょう。

❷ 「〜(ら)れます」の形を使って表現しましょう。

〈田中支店長の一日〉

時間	行動	❶	❷
例) 6:30	起きます。	7時にお起きになります。	7時に起きられます。
6:40	犬の散歩に行きます。		
7:00	朝ごはんを食べます。		
8:00	家を出ます。		
8:30	出勤します。		
8:50	朝礼で挨拶します。		
10:00	報告書を読みます。		
11:00	重要案件を処理します。		
12:30	部下と一緒に昼ごはんを食べます。		
13:30	会議に出席します。		
15:30	取引先と会います。		
18:00	取引先と会食をします。		
20:00	退勤します。		
20:30	帰宅します。		
23:00	寝ます。		

練習Ⅳ ペアで上司と部下に分かれ、会話練習をしましょう。練習Ⅲの一日のスケジュールを参考にして、部下役の人は上司役の人に一日のスケジュールについて5つ以上質問してください。尊敬語を適切に使ってください。

> 例
> 部下：李課長はいつも何時頃に朝ごはんを召し上がりますか。
> 上司：そうですね…。大体8時頃です。
>
> 部下：李課長、本日取引先には何時にお会いになりますか。
> 上司：えーっと、3時半に会います。
> 　　　（会う予定です。）
> 　　　（会うことになっています。）

練習Ⅴ ペアでお互いに敬語を使って質問し合いましょう。

> 例　週末は何をしますか。　→　A：週末は何をなさいますか。
> 　　　　　　　　　　　　　　B：友人に会います。

1. どんな本を読みますか。

　_____

2. 最近映画を見ましたか。

　_____

3. どこに住んでいますか。

　_____

第2課 同僚を紹介する　41

4. 何かスポーツをしますか。

　　_____

5. 外国に行ったことがありますか。

　　_____

6. 毎日何時頃に寝ますか。

　　_____

7. お酒をよく飲みますか。

　　_____

8. 昨日の夜は何を食べましたか。

　　_____

9. 先週末は何をしましたか。

　　_____

10. どんな音楽を聞きますか。

　　_____

11. (他に知りたいこと)

　　_____

■ その他

- 会社訪問の際、受付で用件を伝えるとき

    受付　いらっしゃいませ。どのようなご用件でしょうか。

    金　　ソウル物産の金と申します。
　　　　海外営業部の佐藤部長と2時に打ち合わせのお約束をいただいているんですが。

    受付　海外営業部の佐藤でございますね。ただ今お取り次いたしますので、
　　　　少々お待ちくださいませ。

- 久しぶりに会うとき

    佐藤　ご無沙汰しております。

    金　　こちらこそご無沙汰しております。お変わりありませんか。

    佐藤　ええ、おかげさまで。

- 訪問者を迎えるとき

    金　　ソウル物産の金と申しますが…。

    後藤　金さま、お待ち申し上げておりました。/お待ちしておりました。

練習Ⅵ 第2課で学習した表現を使って、下記の設定で訪問者と応対者の会話をペアで練習しましょう。(第1課で決めた会社名や部署名を使いましょう。)

❶ 下記の設定でどのように言えばいいか考えましょう。

❷ 準備ができたら、ペアで練習してください。

1. 他者訪問、受付で

訪問者(ソウル物産・A)

あなたはソウル物産の社員Aです。今回、東京商事の担当者になり、挨拶に来ました。海外事業部のBと3時に会う約束をしています。受付の人にそのことを伝え、面会できるように頼んでください。

応対者(東京商事・B)

あなたは東京商事の受付担当者Bです。訪問者Aの用件を聞いて、適切に応対してください。

2. 訪問者応対、応接室で

訪問者(東京商事・C)

あなたはソウル物産のDを初めて訪問します。あなたは応接室に通され、Dを待っています。もう10分も待っています。Dが来たら、立ち上がり、挨拶を受け、名刺を受け取ってください。次に、あなたが簡単に挨拶をしてください。そして名刺を渡してください。

応対者(ソウル物産・D)

東京物産の新しい担当者のCが来ました。今日初めて会います。しかし、あなたは所用が長引き、すでに10分もCを待たせています。Cに待たせたことを詫び、簡単に挨拶してください。名詞を渡してください。次に、Cの挨拶を受けてください。そして名詞を受け取ってください。

コラム

挨拶

　挨拶は相手に自分のことを印象付けることができ、人脈を積むための主な手段になることもあります。さらに、相手と最も早く親しくなれる方法であり、相手に信頼感を与えられる方法だといえます。特に、ビジネス場面で人間関係を築くためには、より一層重要になります。第一印象だけではなく、ビジネスにおける取引の成功の可否を決める重要な鍵になることもあるからです。

　韓国人の挨拶のマナーは、自分と相手との関係によって多様です。初対面のとき、知り合ってしばらく経ったとき、友人関係であるとき、上司に会ったときとそれぞれに異なるマナーがあります。そして、相手との年齢差や職位が高くなるにつれて、頭を深く下げ、挨拶のことばももっと格式を備えたものを使います。一般的に挨拶のことばは相手に対する関心を示すものが多くあります。例えば、「お食事なさいましたか（식사하셨습니까）」、「顔色がいいですね（얼굴이 예뻐졌네요）」、「体調がよさそうですね（몸상태가 좋아보이시네요./컨디션이 좋아보이시네요.）」、「顔色が良くないですね（안색이 좋지 않네요）」など、主に食事や身体的印象に関するものです。

　これらの挨拶ことばは、韓国人には極めて当たり前のものですが、日本人には個人的過ぎて否定的な印象を与える危険性があり、失礼になります。その中で日本人がよく理解できないことばは、「お食事なさいましたか」です。人によっては、「私が乞食に見えるということなのか?」、「どうして韓国の人々は他人が食事したことにだけ気を使うのだろう?」というふうに理解することがあります。また、容姿に関することばは

第2課 同僚を紹介する

侮辱感を与えることがあるので注意しましょう。

　日本での挨拶ことばは、季節や天気に関するものが主です。例えば、夏なら「今日は暑いですね」と言います。この時韓国人は、「日本人は私に関心がないんだ」と思い、日本人は個人主義だと思って嘆くと言います。しかし、これは習慣の差によるものなので、気にする必要はありません。

第3課　電話を取り次いでもらう

●●● **目標**
・電話での基本的な表現が使えるようになる。
・オペレーターに電話を取り次いでもらえるようになる。

●●● **考えよう**
・オペレーターや窓口の人に担当者に取り次いでもらうために、話し方や態度で気をつけなければならないことは何だろう。それはなぜか。

会話

洪さんは東京メディカルの小林さんに電話をしました。東京メディカルでは、外部からの電話は全てオペレーター(以下、オペ)が取り次ぐようになっています。洪さんはオペレーターに小林さんに取り次いでもらわなければなりません。では、どのような表現を使って、用件を切り出せばいいでしょうか。

[オペレーターとの会話]

オペ　お待たせいたしました。東京メディカルでございます。

洪　ソウル電気の洪と申しますが、いつもお世話になっております。

　　商品開発部の小林様をお願いしたいのですが。

オペ　ソウル電気の洪様でございますね。こちらこそいつもお世話になっております。

　　商品開発部の小林でございますね。

　　恐れ入りますが、どのようなご用件でしょうか。

洪　医療機器開発の打ち合わせの件で、ご相談があるんですが。

オペ　医療機器開発の打ち合わせの件でございますね。

　　かしこまりました。ただ今お取り次ぎいたしますので、少々お待ちくださいませ。

新しいことば

外部	외부	恐れ入る	죄송하다, 황송하다
オペレーター	전화교환원	打ち合わせ	협의, 상의
全て	모두, 전부, 다	〜の件で	〜의 건으로
電話を取り次ぐ	전화를 연결하다	相談する	상의하다, 의논하다
用件を切り出す	용건을 꺼내다(말하다)	ただ今	(바로) 지금
商品開発部	상품개발부	少々	잠깐, 조금, 잠시

表現

1　お待たせいたしました。東京メディカルでございます。

お待たせいたしました。 社名 / 部署名 でございます。

- 전화를 받을 때의 일반적인 표현. 「お待たせいたしました。(많이 기다리게 해서 죄송합니다.)」라고 시작한다. 상대를 기다리게 한 것에 대해「많이 기다리게 해서 대단히 죄송합니다.」라는 심정을 표현할 수 있다. 실제로 오랜 시간 기다리게 했는지 아닌지에 상관없이 인사치레로 쓰이고 있다.

- 회사나 직종에 따라서는, 처음에「ありがとうございます。」나「いつもお世話になっております。」를 쓰는 곳도 있다.

- 회사명과 부서명을 말한 뒤, 자신의 성을 대는 곳도 있다.
  例　はい、東洋物産でございます。総務課の鈴木が承ります。

2　ソウル電気の洪と申しますが、いつもお世話になっております。

| 社名/部署名 | の | 姓 | と申しますが、いつもお世話になっております。

- 전화를 걸어 자신이 누구인지 말할 때의 일반적인 표현.

3　商品開発部の小林様をお願いしたいんですが。

| 部署名 | の | 姓 | さん / 様をお願いしたいんですが。

- 「～んですが。」는 「～のですが。」와 같고, 구어체이다.
- 이 예문에서의 「～んです/のです」는 머리말의 기능, 이유나 사정 설명의 기능이 있다. 문말을 생략할 때는 머리말에 해당한다.

　例　<u>商品開発部の小林様をお願いしたいんですが、</u><u>いらっしゃいますか。</u>
　　　　　　　前置き　　　　　　　　　　　　　　　用件(確認したいこと)

회화 예문처럼 장면과 상황으로 봐서 화자의 용건이「코바야시 씨가 있는지 없는지」를 확인하고 싶다는 것이 분명할 때는 뒤의 문구는 생략할 수 있다.

4　恐れ入りますが、どのようなご用件でしょうか。

- 회사에는 여러 가지 목적으로 전화가 걸려오기 때문에 본인에게 연결해야 할 용건인지 아닌지 전화를 받은 사람이 확인하는 경우가 있다.

> **ポイント！**
> 예를 들면 업무 중에 아파트 판매 목적 등의 영업사원의 전화가 걸려오기도 한다. 업무에 관계 없는 용건이라면「ただいま席をはずしておりますが。(지금 잠시 자리를 비웠는데요.)」라고 거절하면 된다. 당연한 이야기지만 이럴 때는「戻りましたら、折り返しお電話いたしましょうか。(돌아오면 다시 전화 드릴까요?)」라는 배려는 하지 않아도 된다.

5　医療機器開発の打ち合わせの件で、ご相談があるんですが。

> 名詞 の件で、(お/ご) 動詞・ます形 があるんですが。

- 3 과 같이 「ホームページ作成の打ち合わせ件で、ご相談があります。(홈페이지 제작에 관한 협의 건으로 상의가 있습니다.)」라고 단정짓지 않고, 「～んですが。」를 사용함으로써 보다 정중한 태도를 보일 수 있다. 「ご相談がありまして」라고 할 수도 있다.

> 名詞 の件で、(お/ご) 動詞・ます形 (し)たいんですが。
>
> 名詞 の件で、 特別な形の動詞・ます形 (し)たいんですが。

- 「～(し)たい」라는 동사를 쓸 수도 있다.
  例　ホームページ作成の打ち合わせの件で、ご相談したいんですが。
  　　明日、お目にかかりたいんですが、ご都合はいかがでしょうか。

6　ただ今お取り次ぎいたしますので、少々お待ちくださいませ。

- 전화를 연결할 때의 일반적인 표현.

> **ポイント！**
>
> 　전화교환원이나 창구에 있는 사람과의 전화에서는 무엇보다도 담당자와 연결하는 것이 목적이다. 「거래처 사람이다.」라고 판단하게 해야 한다. 「이 사람 누구지?」「정말로 거래처인가?」「영업사원 아닐까?」라고 의심하게 되면 연결시켜 주지 않는다. 전해야 할 포인트는 두 가지. 우선 자신이 어디의 누구인가를 맨 먼저 명확하게 전달한다. 그 다음은 어떤 용건인지를 간결하게 전달한다. 전화는 목소리와 말투로 인상이 결정되므로 확실하고 명확하게 전달하는 것을 염두에 두었으면 한다.
> 　반대의 입장에서 자신이 전화를 받아 동료에게 전화를 연결할 때에도 같은 식으로 상대가 어디의 누구인가, 용건은 무엇인가를 확인하고 나서 연결할 필요가 있다. 스스로 판단할 수 없는 때에는 「ただ今在席か確認いたしますので、少々お待ちくださいませ。(지금 자리를 확인하겠으니, 잠시만 기다려주십시오.)」라 하고 본인에게 전화를 연결할지 안 할지를 확인하면 된다. 본인이 연결할 필요가 없다고 하면 상대에게 「恐れ入りますが、ただ今席を外しております。いかがいたしましょうか。(죄송합니다만, 지금 자리를 비웠는데, 어떻게 할까요?)」라고 하면 된다. 동료에게 확인하고 있는 동안에 보류 버튼을 누르고 대화가 상대에게 들리지 않게 하는 것도 잊지 않도록 하자.

 **会話を見直そう**

「考えよう」에서 여러분이 중요하다고 지적한 것이 대화 예문에 반영되어 있습니까? 반영되어 있지 않다면 한 번 더 생각해 봅시다.

- 대화 예문에 각자가 지적한 것을 넣는 편이 좋다.
  ➔ 대화 예문에 가필 수정해 보자.
- 대화 예문에 각자가 지적한 것을 넣지 않아도 된다.
  ➔ 왜 넣지 않아도 되는지 이유를 명확하게 하자.

■ 練習

練習Ⅰ 「~の件で、~があるんですが/~(し)たいんですが」を使って、例のようにビジネス場面に適切な会話文にしましょう。

> [例] 医療機器開発の打ち合わせ、相談したい
> ➔ [名詞] 医療機器開発の打ち合わせの件で、ご相談があるんですが。
> [動詞] 医療機器開発の打ち合わせの件で、ご相談したいんですが。

1. 新製品の打ち合わせ、相談したい

   [名詞]_____

   [動詞]_____

2. 次回の約束、相談したい

   [名詞]_____

   [動詞]_____

3. サンプル品の送付、報告したい

   [名詞]_____

   [動詞]_____

4. 新製品、聞きたい

   [名詞]_____

   [動詞]_____

5. 明日の会議、伝えたい　　*明日 ➡ 明日、明日

   [名詞]_____

   [動詞]_____

6. 新製品の打ち合わせの日程、都合を聞きたい

   [動詞]_____

7. 相手に用件を切り出す場面を想定して会話文を作りましょう。

   [　　]_____

   [　　]_____

練習Ⅱ　練習Ⅰで学習した表現を使って、電話の窓口の人との会話をペアで練習しましょう。(第1課で決めた会社名や部署名を使いましょう。)

❶ 下記のスクリプトを使ってどのように言えばいいか考えましょう。

❷ 準備ができたら、ペアで練習してください。

[オペレーターとの会話]

オペ　はい、＿＿＿＿＿＿＿＿＿＿＿＿でございます。

A　＿＿＿＿＿＿＿＿＿＿＿＿と申しますが、いつもお世話になっております。

　　＿＿＿＿＿＿＿＿＿＿＿＿をお願いしたいのですが。

オペ　＿＿＿＿＿＿＿＿＿＿＿＿でございますね。
　　こちらこそ、いつもお世話になっております。
　　＿＿＿＿＿＿＿＿＿＿＿＿でございますね。
　　失礼ですが、どのようなご用件でしょうか。

A　＿＿＿＿＿＿＿＿＿＿＿＿の件で、
　　＿＿＿＿＿＿＿＿＿＿＿＿んですが。

オペ　＿＿＿＿＿＿＿＿＿＿＿＿でございますね。
　　ただ今お取り次ぎいたしますので、少々お待ちくださいませ。

A　はい、お願いいたします。

■ 電話の表現

■ 名前を聞き間違えられたとき

> オペ　ソウル商社のオウ様ですね。
>
> 呉　　いいえ、オウではなく、オです。一文字です。
>
> オペ　大変失礼いたしました。オ様ですね。
>
> 呉　　はい、そうです。

練習Ⅱ　電話で相手の名前を聞きとるのは難しいものです。あなたの名前はどうでしょうか。あなたの名前にはどのような聞き間違いが生じると予測できますか。そのとき、あなたはどのように説明しますか。

聞き間違い1：＿＿＿＿＿＿＿＿＿＿＿＿＿＿＿＿＿＿＿＿＿＿＿＿＿＿＿＿＿＿＿＿

説明1：＿＿＿＿＿＿＿＿＿＿＿＿＿＿＿＿＿＿＿＿＿＿＿＿＿＿＿＿＿＿＿＿＿＿

聞き間違い2：＿＿＿＿＿＿＿＿＿＿＿＿＿＿＿＿＿＿＿＿＿＿＿＿＿＿＿＿＿＿＿＿

説明2：＿＿＿＿＿＿＿＿＿＿＿＿＿＿＿＿＿＿＿＿＿＿＿＿＿＿＿＿＿＿＿＿＿＿

■ 相手の声がよく聞こえないとき

申し訳ありませんが、少々お電話が遠いのですが。

■ 相手の話し方が早いとき

申し訳ありませんが、もう少しゆっくりお話いただけるとありがたいのですが。

■ 間違い電話をかけたとき/かかってきたとき

A　お待たせいたしました。ソウル商社でございます。

B　あの…、テグ物産さんでしょうか。

A　こちらはソウル商社でございますが…。

B　大変失礼いたしました。間違えました。

A　いいえ、どういたしまして。

コラム

座席のマナー

　韓国に駐在している日本のサラリーマンは韓国での座席配置方法に対して、文化の差異を実感するといいます。例えば、韓国人は和食やてんぷら店に日本人をもてなすとき、板前がいるカウンターやフロアーではなく個室を好みます。しかし、日本人は、カウンターやフロアーの方がよく配慮してもらったという印象を受けることがあります。その方が食べ物の新鮮な味を維持することができるからです。

　ビジネス場面では、どのような部屋でもドアから遠いほど上座で、ドアに近いほど下座です。上座にはお客様や職位がより高い人、下座には社員やより職位が低い人が座ります。

- **会議室**

　会議室の座席は議長席を中心にして、議長席に近いほど上座で、議長席から遠いほど下座である。

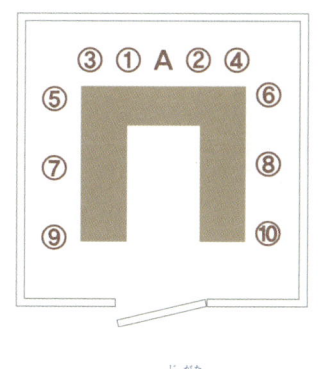
コの字型

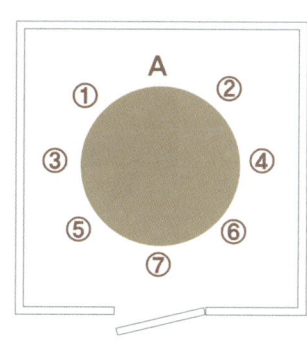
円卓型

対面型

- **応接室**

応接室の座席は椅子の種類によって異なる。長椅子は上座で、肘掛のある椅子は下座である。

- **和室**

入口から遠くて、床の間に近い位置が上座である。入口に最も近い位置が下座である。

座卓がない場合

床の間	床
①	①
②	②
③	③

客側　　　接待側

座卓がある場合

客側：①② 接待側：③④

● **列車**

列車の進行方向の窓側が上座である。通路側が下座である。窓側の居心地が悪い場合(暑い、寒い、眩しいなど)は、席を替わるように申し出る配慮も必要である。

● **自動車**

運転手がいる場合は、運転席の後部座席が上座である。後部座席に3人いる場合は、真ん中が下座になる。運転席横の助手席が最も下座である。取引先や上司が運転する場合は運転席横の助手席が上座になる。

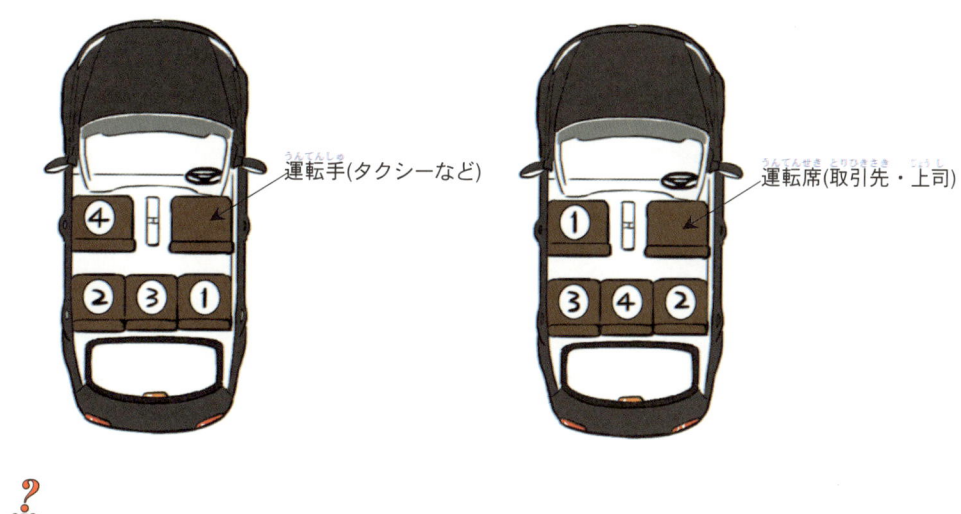

調べてみよう

将来、皆さんが日本と韓国の両国のビジネス場面で活躍することを考えると、韓国のビジネス場面における座席のマナーも知っておかなければなりません。

1. 上記の各場面における上座と下座は韓国のビジネス場面ではどのようになっているか調べてみましょう。
2. 日本と韓国ではどのような違いがありますか。それはなぜでしょうか。
3. 上記の場面以外で韓国で重要なマナーがあるかを調べてみましょう。

第4課　アポイントを取る

●●● **目標**
・電話での基本的な表現が使えるようになる。
・電話でアポイントを取ることができるようになる。

●●● **考えよう**
・アポイントを取るときに話し方や態度で気をつけなければならないことは何だろう。
　それはなぜか。

会話

洪さんは東京メディカルの小林さんに電話をしました。オペレーターが担当者の小林さんに取り次いでくれました。担当者との電話では、どのような表現を使って話し始め、終わればいいでしょうか。また、用件を切り出すときはどのようにしたらいいでしょうか。

[担当者との電話]

小林　お待たせいたしました。商品開発部の小林です。

洪　　ソウル電気の洪ですが、いつもお世話になっております。

小林　洪さん、いつもお世話になっております。

洪　　ただ今お電話よろしいでしょうか。

小林　ええ、大丈夫ですよ。どうなさいました。

洪　　御社の医療機器開発の件ですが、打ち合わせの日程について、ご都合をお伺いしたいんですが。

小林　打ち合わせの日程ですね。

洪　　ええ、今月の17日から東京へ出張する予定なんです。小林さんのご都合がよろしければ、その前後にお会いできればと存じますが。

小林　そうですか。17日ですね。少々お待ちくださいますか。ただ今、スケジュールを確認いたしますので。

洪　はい。

……

小林　お待たせいたしました。そうですね…。こちらとしましては、18日にしていただけると助かるんですが、洪さんのご都合はいかがでしょうか。

洪　18日ですか。ええ、大丈夫です。何時ごろ伺えばよろしいでしょうか。

小林　それでは、11時でいかがでしょうか。

洪　かしこまりました。それでは、今月18日の11時にお伺いいたします。どちらへ伺えばよろしいでしょうか。

小林　商品開発部まで直接お越しください。受付に申し伝えておきますので。

洪　はい、では、そのようにさせていただきます。

小林　ええ、お願いいたします。

洪　それでは、失礼いたします。

小林　失礼いたします。

 **新しいことば**

話し始める (⇔話し終える)	이야기를 시작하다 (⇔이야기를 끝내다)	直接	직접
		お越しになる	오시다
大丈夫な	괜찮은	受付	접수(접수처, 접수대)
都合	형편, 사정(事情)	申し伝える	말씀을 전하다
伺う	찾아뵙다, 묻다, 듣다	失礼する	실례하다

■ 表現

1　お待たせいたしました。商品開発部の小林です。

> お待たせいたしました/お電話代わりました。
>
> 部署 の 姓 です/でございます。

- 전화 교환원이나 동료가 연결해 주어 전화를 받을 때의 일반적인 표현.
- 「お待たせいたしました」외에 「お電話代わりました(전화 바꿨습니다)」라는 표현도 있다.
- 서로 이미 알고 있는 경우에는 「[부서]の[성]です」 또는 「~でございます」를 쓴다. 상대는 회사에 전화를 건 상태이므로 다시 회사명을 말할 필요는 없다.

2　ソウル電気の洪ですが、いつもお世話になっております。

- 교환원이나 동료가 연결해 주어서 상대가 받았을 때에 자기가 누군지를 밝히는 표현.

3 ただ今お電話よろしいでしょうか。

- 상대가 전화를 할 수 있는 상황인지 아닌지를 확인한 후에 본론으로 들어간다.

4 小林さんのご都合がよろしければ、その前後にお会いできればと存じますが。

> 姓 さんのご都合がよろしければ、
> 日時 に(お/ご) 動詞・可能形 (れ)ばと存じますが。

- 약속을 잡을 때 시간과 날짜, 일자를 제안하는 표현.
- 제안할 때는 「○○さんのご都合がよろしければ」라고 미리 양해를 구한 다음에 「[일시]に [동사의 가능형](れ)ばと存じますが」라고 자신이 바라는 일시를 말한다. 이렇게 함으로써 상대가 사정이 있으면 거절할 수 있는 여지를 남길 수 있다.

  ポイント！
  예문의 「会う」는, 겸양어 「お会いする」를 가능형으로 바꾸어 「お会いできる」가 된다. 그러면 「作ってもらう」와 같은 복합동사의 경우는 어떻게 될까? 이러한 복합동사의 경우에는 겸양어 「作っていただく」를 가능형으로 바꾸어 「作っていただければ」 또는 「お作りいただければ」가 된다. (*「～(て)いただく」는 상대방에게 어떠한 행위를 요청할 때 사용하는 표현이다. 제6과 표현7의 해설을 참조.)

- 「～と存じますが」는 「～と存じますが、いかがでしょうか」의 「いかがでしょうか」가 생략되어 있다.

5 ただ今、スケジュールを確認いたしますので。

> 動詞・ます形 ＋します/いたしますので

- 이유를 나타낸다. 「～から」보다도 정중한 표현이다. 「～ので」의 뒤는 생략 가능하다.
- 「ただ今、スケジュールを確認いたしますので、少々お待ちくださいませ」라고 해도 된다. 예문에서는 「少々お待ちくださいませ」가 생략되어 있다.

6 こちらとしましては、18日にしていただけると助かるんですが、洪さんのご都合はいかがでしょうか。

> 日時 にしていただけると、動詞/い形容詞・辞書形、な形容詞・な んですが、姓 さんのご都合はいかがでしょうか。

- 자신의 희망을 전달한 뒤에 반드시 상대의 상황도 물어본다.

ポイント！

「助かるんですが」는 「ありがたいんですが」라고 해도 된다. 「いいんですが」라고는 하지 않도록 주의하자.

「いいんですが」는 좋은가 나쁜가라는 가치평가를 동반한다. 그렇기 때문에 화자가 상대에게 자신의 사정에 맞춰주기를 부탁하는 경우에 「いいんですが」를 쓰면 화자의 말투는 정중히 부탁하는 듯하지만, 실제로는 상대에게 선택지를 주지 않고 자신의 편의를 밀어붙이는 듯한 인상을 주기 쉽다.

18일이 아니면 곤란하여 반드시 그 날로 해 주었으면 할 때에는 「大変恐縮ですが、18日にお願いできませんでしょうか(대단히 죄송합니다만, 18일로 부탁드리면 안 되겠습니까?)」라고 죄송한 심정을 덧붙여서 솔직히 부탁하면 된다.

7 何時ごろ伺えばよろしいでしょうか。どちらへ伺えばよろしいでしょうか。

> (お/ご) 動詞・ば形 (れ)ばよろしいでしょうか。

・상대에게 판단을 맡길 때의 표현.

8 (それでは/では、)失礼いたします。

・전화를 끊을 때의 표현. 자신이 의뢰하는 전화라면 「それでは/では、よろしくお願いします/いたします」라고 할 수도 있다.

ポイント！

[전화를 끊을 때]
    기본적으로는 전화를 건 쪽에서 「それでは/では、失礼いたします」라고 통화를 끝낼 사인을 주고 수화기를 놓는다(전화를 끊는다). 전화를 받은 쪽은 상대가 수화기를 내려놓은 것을 확인하고 나서 자신도 수화기를 놓는다.

[전화로 이야기하는 도중에 전화가 끊어졌을 때]
    전화를 건 쪽이 바로 다시 걸고, 받는 쪽은 다시 전화가 오는 것을 잠시 기다리는 것이 기본적인 예의이다. 그러나 휴대폰의 경우에는 통신 장애나 배터리가 소진되는 등 여러 가지 경우가 있을 수 있으므로 임기응변에 대응할 수 있도록 하자.

会話を見直そう

「考えよう」에서 여러분이 중요하다고 지적한 것이 대화 예문에 반영되어 있습니까?
반영되어 있지 않다면 한 번 더 생각해 봅시다.
・대화 예문에 각자가 지적한 것을 넣는 편이 좋다.
        ➡ 대화 예문에 가필 수정해 보자.
・대화 예문에 각자가 지적한 것을 넣지 않아도 된다.
        ➡ 왜 넣지 않아도 되는지 이유를 명확하게 하자.

練習

練習 I 「~のご都合がよろしければ、~に~(れ)ばと存じますが」を使って、例のようにビジネス場面に適切な会話文にしましょう。

> 例　佐藤さん、今週の金曜日、会う
> → 斎藤さん(さま)のご都合がよろしければ、今週の金曜日にお会いできればと存じますが。

1. 鈴木さん、再来週の火曜日前後、会う

   _____

2. 佐藤係長、来月の18日辺り、会う

   _____

3. 高橋部長、今月末、会う

   _____

4. 中村課長、今月中旬、時間を作ってもらう

   _____

5. 渡辺社長、11月中、時間を作ってもらう

   _____

練習Ⅱ 「〜ので」を使って、例のようにビジネス場面に適切な会話文にしましょう。

> 例　（私が）今すぐファックス(FAX)を送ります。
> → ただ今ファックスをお送りします/いたしますので。

1. （私が）今すぐ調べます。
   _____

2. （私が）今すぐ手続きをします。
   _____

3. （私が）今すぐ行きます。
   _____

4. （私が）明日までに届けます。
   _____

5. （私が）今すぐ調べて、折り返し電話します。
   _____

6. （会話の相手が）3時から会議があると言いました。
   _____

7. (会話の相手が)昨日の会議について報告しました。
　　_____

8. (私は会話の相手が)来週から日本へ出張すると聞きました。
　　_____

9. (私は会話の相手が)昇進すると聞きました。
　　_____

10. (私は会話の相手が)今日、プサン水産に行ったと聞きました。
　　_____

練習Ⅲ　「こちらとしましては、~にしていただけると~んですが、~のご都合はいかがでしょうか。」を使って、例のようにビジネス場面に適切な会話文にしましょう。

> **例**　18日、助かる、呉さん
> こちらとしましては、<u>18日</u>にしていただけると<u>助かる</u>んですが、<u>呉さん(様)</u>のご都合はいかがでしょうか。

1. 再来週の火曜日前後、助かる、鈴木さん
　　_____

2. 来月の25日辺り、助かる、佐藤さん
　　_____

3. 今月26日辺り、ありがたい、高橋部長

_____

4. 11月21日、助かる、渡辺課長

_____

5. 来月初旬、ありがたい、佐々木社長

_____

練習Ⅳ 電話でアポイントを取る練習をしましょう。(第1課で決めた会社名や部署名を使いましょう。)

❶ まず、出張の予定日とアポイントの希望日時を決めましょう。

❷ 次に、2)のスクリプトを使ってどのように言えばいいか考えましょう。

❸ 準備ができたら、クラスメート4人とアポイントを取ってください。

1) アポイントの希望日時

訪問先/担当者	出張の予定日/時期	アポイントの希望日時/時期	アポイントがとれた日時/時期
例)東洋商事・国際営業部 田中様	今月16日から	今月17日辺り	今月19日 (*練習後に記入)

2) 会話スクリプト

　　A　お待たせいたしました。❶＿＿＿＿＿＿＿＿の＿＿＿＿＿＿＿＿です。

　　B　❷＿＿＿＿＿＿＿＿ですが、いつもお世話になっております。

　　A　❸＿＿＿＿＿＿＿＿、いつもお世話になっております。

　　B　ただ今お電話よろしいでしょうか。

　　A　ええ、大丈夫ですよ。どうなさいました。

　　B　御社の医療機器開発の打ち合わせの日程について、

　　　　ご都合をお伺いしたいんですが。

　　A　はい、❹＿＿＿＿＿＿＿＿ですね。

　　B　ええ、❺＿＿＿＿＿＿＿＿東京へ出張する予定なんです。

　　　　❻＿＿＿＿＿＿＿＿のご都合がよろしければ、

　　　　❼＿＿＿＿＿＿＿＿に❽＿＿＿＿＿＿＿＿ばと存じますが。

A　そうですか。❽_____ですね。少々お待ちくださいますか。

　　ただ今、スケジュールを確認いたしますので。

B　はい。

・・・・・・

A　お待たせいたしました。こちらとしましては、❾_____にしていただけると

　　❿_____んですが、

　　⓫_____のご都合はいかがでしょうか。

B　⓬_____ですか。ええ、大丈夫です。

　　何時ごろお伺いすればよろしいでしょうか。

A　それでは、⓭_____でいかがでしょうか。

B　かしこまりました。それでは、⓮_____にお伺いいたします。

A　ええ、お願いいたします。それでは、失礼いたします。

B　失礼いたします。

第4課 アポイントを取る　73

コラム

日本各地の特産品

　みなさんは日本に行ったことがありますか。どこに行きましたか。あなたの日本の友人の出身地はどこですか。

　韓国にもさまざまな地域があるように、日本にもさまざまな地域があります。一般によく話題に上るのは関東と関西ですが、言葉のイントネーションだけでなく食文化なども異なっていると言われています。たとえば、油揚げの入ったうどんは「きつねうどん」ですが、油揚げの入った蕎麦は、東京では「きつねそば」、大阪では「たぬきそば」といいます。東京で「たぬきうどん・そば」と言えば「天かす」の入ったうどん・そばのことであり、一般に大阪には「きつねそば」「たぬきうどん」というメニューはありません。つまり、東京の人が大阪で「たぬきそば」を頼んだら、期待したものとは違うものが出てきてしまうのです。また、料理に使う醤油も関東では濃口醤油、関西では薄口醤油が好んで使われ、カップうどんなどのスープも関西と関東では違う味付けになっています。正月料理も東と西では趣きが異なります。雑煮は関東は四角い角餅・すまし汁、関西は丸餅・白味噌、おせち料理の魚も関東は鮭、関西は鰤が好まれます。このように日本列島の東と西は異なる文化圏であり、単一で均質なものではないという意見もあります。

　そのほかにも各地域には有名な場所や特産品などがあり、ビジネスの場面では同僚や取引先)との会話の話題となっています。日本の地域の名称や有名な場所、特産品などの知識を踏まえ、円滑なコミュニケーションに役立てましょう。

日本の地域と名地の名所・名物

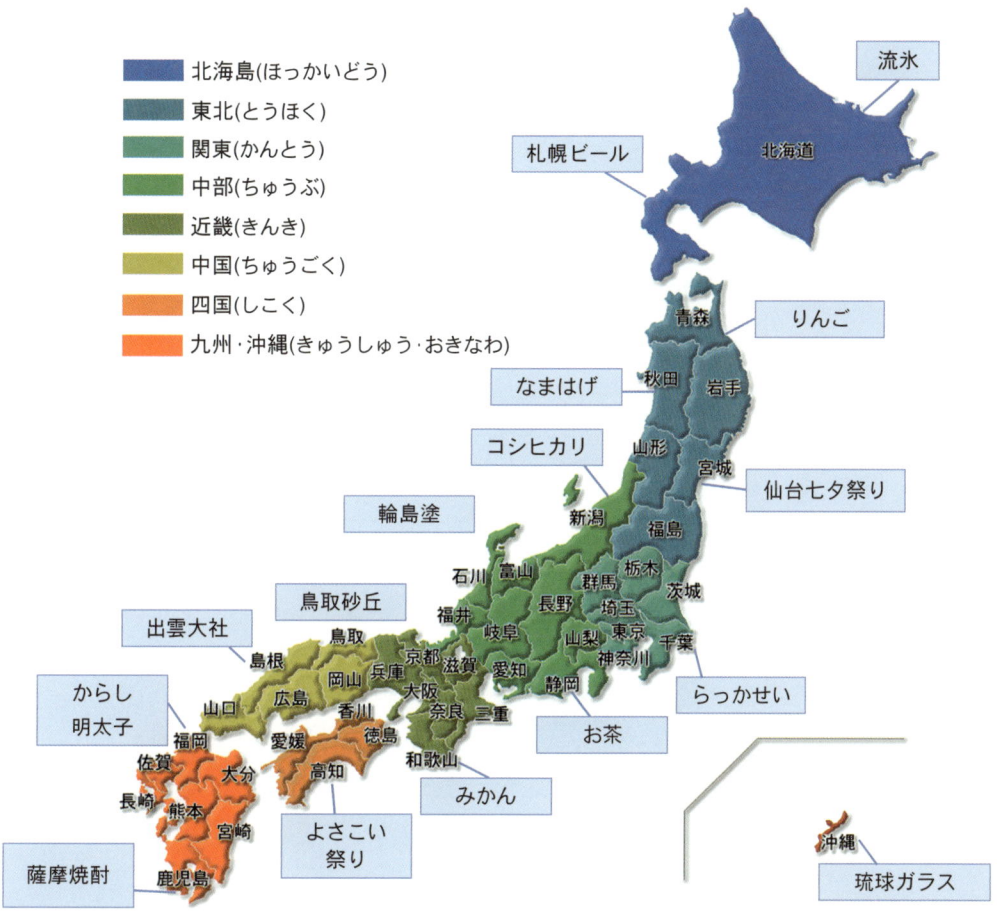

* その他にも、東海地方(愛知・静岡・岐阜・三重)、甲信越地方(山梨・長野・新潟)、北陸地方(富山・石川・福井)、山陰地方(鳥取・島根)、山陽地方(岡山・広島・山口)といった区分をする場合もあります。

調べてみよう

1. なぜ地域的な違いがあるのでしょう。話し合ってみましょう。
2. 各地域の特産品や名物・名所について調べてみましょう。

第5課 電話で依頼する

●●● **目標**
・電話で依頼することができるようになる。
・電話会話で依頼するときの会話展開を押さえる。

●●● **考えよう**
・電話で依頼をするときに話し方や態度で気をつけなければならないことは何だろう。

　それはなぜか。

会話

　ソウル電気は日本の大阪商社から電子部品を輸入しています。納期は毎月15日と契約で決っています。しかし、次年度は9月13日から秋夕が始まり、5日間も連休であることがわかりました。連休明けにはどうしても大阪商社の製品が必要なため、12日までに製品が届くようにしなければなりません。そこで、洪さんは納期の変更について相談するため、先方の担当者(田中さん)に電話しました。担当者との電話では、どのような表現を使って話し始め、そして終わればいいでしょうか。また、用件を切り出すときはどのようにしたらいいでしょうか。

[電話で担当者と話す]

田中　お待たせいたしました。国際営業部の田中です。

洪　　ソウル電気の洪ですが、いつもお世話になっております。

田中　こちらこそいつもお世話になっております。

洪　　実は、次年度の9月の納期についてご相談させていただきたいんですが。今お電話よろしいでしょうか。

田中　ええ、大丈夫ですよ。納期の件ですか。

洪　　はい。実は、9月に韓国で秋夕という祝日があるんですが、旧暦で祝うので、毎年日にちが変わるんです。次年度は5日間の大型

連休で、9月13日から始まるんです。ちょうど御社の納期と重なってしまうんですよ。それで、勝手なお願いで恐れ入りますが、秋夕前に納品をお願いできないかと思いまして…。

田中　そうですか。次年度9月の納品を13日の秋夕前までにできないかということですね。

洪　ええ、そうです。ご検討いただけませんでしょうか。

田中　ご事情はよくわかりました。しかし、工場の生産ラインのスケジュールもありますので、私の一存では決めかねるんですよ。上司とも相談して、改めてご返事させていただいてもよろしいでしょうか。

洪　ええ、そうしていただけると助かります。

こちらの都合でご迷惑をおかけいたします。

田中　いえ、御社にはいつもお世話になっておりますので、

善処したいと思っております。

洪　ありがとうございます。

ご無理をお願いして申し訳ありませんが、

どうぞよろしくお願いいたします。

田中　わかりました。

洪　　お願いいたします。では、失礼いたします。

田中　失礼いたします。

新しいことば

電子部品	전자부품	重なる	겹치다, 중복되다
輸入する	수입하다	勝手な	(자기)마음대로, 멋대로
納期	납기	検討する	검토하다
次年度	내년도	事情	사정
連休明け	연휴가 끝남	生産ライン	생산라인
製品	제품	スケジュール	스케줄
届く	닿다, 이르다, 도착하다	一存	혼자만의 생각·판단
変更(する)	변경(하다)	上司	상사
先方	상대방, 상대 쪽	改めて	다시
祝日	명절, 공휴일	迷惑をかける	폐를 끼치다
旧暦	음력	無理な	무리한
大型連休	장기연휴		

■ 表現

---

1 次年度の9月の納期について、ご相談させていただきたいん/のですが。

(お/ご) 動詞・使役形 (さ)せていただきたいん/のですが。

特別な形の動詞 させていただきます

- 使役形

이 표현에서 쓰는 사역형을 정리해 두자.

문형은「～(さ)せる」. 의미는 타자의 행위에 대한 강제성이 있음을 나타낸다.

例 A社はB社に契約書を書かせました。　　（Ⅰ）
　　課長は渡辺さんに見積書を出させました。　（Ⅰ）
　　係長は渡辺さんに情報を集めさせました。　（Ⅱ）
　　取引先に不良品を取り替えさせました。　　（Ⅱ）
　　(私は)その仕事は部下にさせました。　　　（Ⅲ）
　　社長は部下をゴルフ場まで来させました。　（Ⅲ）

活用の仕方
Ⅰ　グループ(五段活用)
書きます ➡ 書かせます
kakimasu　　　kakasemasu　　　kak+a+semasu
Ⅱ　グループ(一段活用)
集めます ➡ 集めさせます
astumemasu　　atsumesasemasu　　atsume+sasemasu
Ⅲ　グループ(不規則活用)
します ➡ させます
来ます ➡ 来させます

- 「~(さ)せていただく」는 「~(さ)せてもらう」의 겸양어. 주된 기능은 다음의 ❶❷이다.

    ❶ 그 행위가 상대나 타자에게 허가를 받아 행하거나 행한 것을 나타낸다.

    例 上司とも相談して、改めてご返事させていただきたいんですが。

    ❷ 실제로는 상대나 타자에게 허가를 받아 행한 것이 아니지만 그 자리에 있는 사람들이나 관계자에게 공손한 태도를 보인다.

    例 この度、御社のホームページのデザイン作成を担当させていただきます。

또한 이 표현을 사용할 때에는 ❶❷에 더하여, 화자의 강한 의지나 감사, 영광스러움이 포함된다.

例 このプロジェクトに私も参加させていただきたいのですが。

[허가＋강한 의지]

例 (上司のお陰で留学できることになったとき)
お陰さまで、来年留学させていただくことになりました。

[허가＋감사]

例 (パーティの場で)
僭越ではございますが、乾杯の音頭をとらせていただきます。

[공손함＋감사, 영광]

- 「ご相談させていただきたい」는 「相談したい」의 의미이다.
  「相談させてもらいたい」의 겸양어

- 문형을 만드는 방법

1) (お/ご)[動詞・ます形](さ)せていただきたいん/のですが。

    例 ご相談~~します~~させていただきたいん/のですが。

2) [特別な形の動詞]させていただきたいん/のですが。

    例 お伺い~~します~~させていただきたいん/のですが。
    　　拝見~~します~~させていただきたいん/のですが。

> **ポイント！**
>
> 「相談する」등 상대와 같이 하는 행위나 「相手の会社を訪問する」같이 상대나 상대의 회사에 관련된 행위에는 단어의 앞에 「お/ご」를 붙여서 「ご相談する」「ご訪問する」라고 한다.
>
> (御社と)ご相談させていただきたいのですが。　　(○)
> (御社と)相談させていただきたいのですが。　　　(×)
>
> (御社を)ご訪問させていただきたいのですが。　　(○)
> (御社を)訪問させていただきたいのですが。　　　(×)
>
> 한편 「検討する」등 자기나 자기쪽 회사의 행위에는 「お/ご」를 붙이지 않는다.
>
> (弊社で)検討させていただきたいのですが。　　　(○)
> (弊社で)ご検討させていただきたいのですが。　　(×)

2 実は、9月に韓国で秋夕という祝日があるんですが、旧暦で祝うので毎年変わるんです。

> **(実は、)〜んですが、〜んです。**

- 특별한 사정을 설명할 때 쓰는 표현이다.
- 앞에서 「〜んですが」로 말을 시작하고, 뒤에서 「〜んです」로 이유를 말하거나 사정을 설명한다.

> **ポイント！**
>
> 「〜んです」는 평서문에는 쓰지 않도록 조심하자. 학습자가 자기소개할 때 「私の趣味は映画鑑賞なんです。そして旅行も好きなんです。」라고 말하는 경우가 있는데, 이런 말을 들으면 듣는 사람은 지금부터 영화에 관한 이야기가 시작되겠구나라고 예측하고 그 이야기가 계속되기를 기다리게 된다. 그러나 실제로는 바로 다른 화제로 바뀌어 이야기가 어딘가 부족함을 느낄 수가 있다. 단순히 「私の趣味は映画鑑賞である。旅行も好きだ。」라는 정보를 전달하는 것뿐이라면 「私の趣味は映画鑑賞です。そして旅行も好きです。」라고 말하자.

3 　勝手なお願いで恐れ入りますが、秋夕前に納品をお願いできないかと思いまして…。

> **(勝手なお願いで)恐れ入りますが、**

- 손윗사람이나 손님에게 부탁할 때,「恐れ入りますが、」란 말을 덧붙임으로써 보다 공손한 태도를 보여줄 수가 있다.
- 「恐れ入りますが、」에는 상대에게 폐를 끼치는 것이 상당히 죄송하다는 기분을 나타낸다.
- 의뢰를 할 때 본론에 앞서 말을 꺼내는 표현에는「申し訳ありませんが、」「すみませんが、」「お手数ですが、」「誠に恐縮ですが、」등이 있다.

> **名詞 をお願いできないかと思いまして…。**

- 상대에게 의뢰할 때의 표현이다.
- 「～と思いまして…」는「～と存じまして…」라고 해도 된다.

4 　次年度9月の納入を13日の秋夕前までにできないかということですね。

> **普通体/尊敬語 ということですね。**

- 상대가 말한 것을 받아서 다시 말하거나 정리해서 정보를 확인할 때에 쓰이는 표현. 특히 중요한 논의에서는 자주 쓰인다.

> **ポイント！**
> 확인 내용이 상대의 행위일 경우에는 존경어로 바꾸어야 한다.
> 例　来月の11日からご出張でソウルへいらっしゃるということですね。

84　비즈니스 일본어

5 工場の生産ラインのスケジュールもありますので、私の一存では決めかねるんですよ。

> 丁寧体 ので、私の一存では決めかねるんです。

- 스스로 결정할 수 없는 경우나 판단을 보류할 필요가 있을 경우에는 「[動詞・ます形]かねます」를 쓴다. 「～かねます」는 불가능하다는 의미이다.
  例 お答えしかねますが…。お約束しかねますが…。
- 그때 「～ので」에서 이유를 전하면 상대의 이해를 얻기 쉬워진다.

> **ポイント！**
> 본인이 결정할 수 없을 때, 그러면 어떻게 되는지도 알려 줄 필요가 있다. 일반적으로는 다음과 같은 표현을 사용한다.
>
> 例 上司とも相談して、改めてご返事させていただいてもよろしいでしょうか。/ ご返事させていただきたいんですが。/ ご返事させていただきます。
>
> 例 社に持ち帰って検討させていただいてもよろしいでしょうか。/ 検討させていただきたいんですが。/ 検討させていただきます。

6 こちらの都合でご迷惑をおかけいたします。

- 상대방에게 무리한 부탁을 할 때나 상대방에게 자기나 자사의 사정에 맞춰주기를 부탁할 때, 「こちらの都合でご迷惑をおかけいたします。」라고 말하여 「申し訳ない」라는 감정을 표시한다. 아주 작은 배려일지라도 말로 표현하는가 하지 않는가로 부탁받는 쪽의 기분은 달라진다.

| 7 | ご無理をお願いして申し訳ありませんが、どうぞよろしくお願いいたします。

- 상대방에게 어려운 것을 부탁할 때나 상대에게 자신이나 자사의 사정에 맞춰주기를 부탁할 때 「ご無理をお願いして申し訳ありませんが、」라는 한 마디를 덧붙인다.

| 8 | 依頼の会話展開

- 의뢰할 때의 회화 전개는 다음과 같이 정리할 수 있다.

| 개시(인사) | [社名・部署名]の[姓]ですが、お世話になっております。 |

| 용건제시 | 本日は、～についてご相談させていただきたいんですが。 |

| 사정설명 | 実は、～んですが、～んです。 |

| 의뢰제시 | 勝手なお願いで恐れ入りますが、～をお願いできないかと思いまして。 |

| 의뢰확인 | ご検討いただけませんでしょうか。(第6課) |

| 감사 | ええ、そうしていただけると助かります。 |

| 사과 | こちらの都合でご迷惑をおかけいたします。 |

| 종료(인사) | ご無理をお願いして申し訳ありませんが、どうぞよろしくお願いいたします。
失礼いたします。 |

会話を見直そう

「考えよう」에서 여러분이 중요하다고 지적한 것이 대화 예문에 반영되어 있습니까?
반영되어 있지 않다면 한 번 더 생각해 봅시다.
- 대화 예문에 각자가 지적한 것을 넣는 편이 좋다.
  → 대화 예문에 가필 수정해 보자.
- 대화 예문에 각자가 지적한 것을 넣지 않아도 된다.
  → 왜 넣지 않아도 되는지 이유를 명확하게 하자.

練習

練習Ⅰ 「～(さ)せていただきたいのですが。」を使って、例のようにビジネス場面に適切な会話文にしましょう。

> 例 会って説明したい。
> → お目にかかってご説明させていただきたいのですが。

1. 来年度の納期について会って相談したい。

   _____

2. この件は、社に持ち帰って検討したい。

   _____

3. 相手の会社に行きたい。

4. 来年度の納期を変更したい。

5. 「~(さ)せていただきたいのですが。」を使うビジネス場面を想定して会話文を作りましょう。

練習Ⅱ 「~んですが」(前置き)を使って、例のようにビジネス場面に適切な会話文にしましょう。

> **例** 次回の打ち合わせ → 次回の打ち合わせ(の件/について)なんですが、いつ頃がよろしいでしょうか。
> 日程を変更していただきたいんですが。
> 月曜日の午後10時はいかがかと存じますが。
> 現場で行いたいんですが。

1. 見積もり

2. サンプル品
   _____

3. 今月分の支払い
   _____

4. 来月15日に出張で東京へ行く
   _____

5. ビジネス場面を想定して会話文を作りましょう。
   _____
   _____

練習Ⅲ 「～んですが、～んです。」(理由・事情説明)を使って、例のようにビジネス場面に適切な会話文にしましょう。

> **例** 韓国では9月に秋夕という祝日がある、旧暦で祝うので毎年日にちが変わる
> → 韓国では9月に秋夕という祝日があるんですが、
>   旧暦で祝うので毎年日にちが変わるんです。

1. 来月の約束、日程の調整がつかず出張できなくなった
   _____

2. すぐに行きたい、来月まで出張できそうにない
   _____

3. すぐに返事ができればいい、上司にも相談しなければならない

   _____

4. 「~んですが、~んです。」(理由・事情説明)を使うビジネス場面を想定して会話文を作りましょう。

   _____
   _____

練習Ⅳ 「お手数ですが/恐れ入りますが/誠に恐縮ですが/申し訳ありませんが/申し訳ございませんが」を使って、例のようにビジネス場面に適切な会話文を作りましょう。

> 例　恐れ入りますが、秋夕前に納品をお願いできないかと思いまして…。

1. お手数ですが、

   _____

2. 恐れ入りますが、

   _____

3. 誠に恐縮ですが、

   _____

4. 申し訳ありませんが、
_____

5. 大変申し訳ございませんが、
_____

6. ビジネス場面を想定して会話文を作りましょう。
_____
_____

練習Ⅴ 取引先に依頼するときの会話の進め方(「用件提示」→「事情説明」→「依頼提示」)を意識して、例のようにビジネス場面に適切な会話文を作りましょう。

> **例** [依頼内容]
> 次年度9月の納期を早めてほしい。理由は、次年度の韓国の秋夕が大型連休(9月13日から18日)であり、契約の納期(毎月16日)が大型連休に重なるためである。
>
> **用件提示**：本日は、次年度の9月の納期についてご相談させていただきたいんですが。
>
> **事情説明**：実は、9月に韓国で秋夕という祭日があるんですが、旧暦で祝うので毎年変わるんです。次年度は8日間の大型連休で、9月13日から始まるんです。ちょうど御社の納期と重なるんですよ。
>
> **依頼提示**：それで、勝手なお願いで恐れ入りますが、秋夕前に納品をお願いできないかと思いまして…。

1. [依頼内容]

A製品の価格の見直しを検討してほしい。理由は、原油価格が高騰して製品の原材料費が高くなり、一個あたりのコストが以前よりも約100円も上昇したためである。このままでは現在の品質を維持するのが難しく、質を落とすことも考えなければならない。

用件提示：

_____
_____
_____

事情説明：

_____
_____
_____
_____

依頼提示：

_____
_____

2. 依頼の会話の進め方を意識して、ビジネス場面に適切な会話文を作りましょう。

［依頼内容］

用件提示：

_____
_____

事情説明：

_____
_____
_____
_____

依頼提示：

_____
_____

練習Ⅵ 練習Ⅴの題材を使って、電話で依頼する練習をしましょう。(第1課で決めた会社名や部署名を使いましょう。)

❶ 下記のスクリプトを使ってどのように言えばいいか考えましょう。

❷ 準備ができたら、ペアで練習してください。

A　お待たせいたしました。①_____の_____です。

B ②_____の_____ですが、いつもお世話になっております。

A こちらこそいつもお世話になっております。

B 本日は、③_____について、ご相談させていただきたいんですが。いまお電話よろしいでしょうか。

A ええ。④_____ですか。

B ええ。実は、⑤_____。

それで、⑥_____が、⑦_____

_____ないかと思いまして。

A そうですか。

つまり、⑧_____ということですね。

B ええ、そうです。どうかご検討いただけませんでしょうか。

A ご事情はよくわかりました。しかし、⑨_____

ので、私の一存では決めかねるんですよ。

上司とも相談して、改めてご返事させていただいてもよろしいでしょうか。

B ええ、そうしていただけると助かります。

こちらの都合でご迷惑をおかけいたします。

A いえ、御社にはいつもお世話になっておりますので、

善処したいと思っております。

B　ありがとうございます。どうぞよろしくお願（ねが）いいたします。

A　わかりました。

B　お願（ねが）いいたします。では、失礼（しつれい）いたします。

A　失礼（しつれい）いたします。

■ ポイント—電話

다음의 회화에는 어떤 특징이 있습니까? 그리고 그 특징에는 어떤 기능이 있을까요? 둘로 짝을 지어 서로 이야기해 봅시다.

洪（ホン）　ソウル電気（でんき）の国際営業部（こくさいえいぎょうぶ）の洪（ホン）と申（もう）しますが、

　　　　　いつもお世話（せわ）になっております。

　　　　　国際営業部（こくさいえいぎょうぶ）の田中様（たなかさま）をお願（ねが）いしたいのですが。

オペ　　　ソウル電気（でんき）の洪様（ホンさま）でございますね。

　　　　　こちらこそいつもお世話（せわ）になっております。

　　　　　国際営業部（こくさいえいぎょうぶ）の田中（たなか）でございますね。

　　　　　失礼（しつれい）ですが、どのようなご用件（ようけん）でしょうか。

洪（ホン）　次年度（じねんど）の納期（のうき）の件（けん）でご相談（そうだん）があるんですが。

オペ　　　次年度（じねんど）の納期（のうき）についてのご相談（そうだん）でございますね。

第5課　電話で依頼する　95

特徴(とくちょう):

機能(きのう): 전화로 하는 커뮤니케이션은 상대의 표정이 안 보이기 때문에, 서로 목소리에 의존할 수밖에 없습니다. 그런데 전화의 음질이 안 좋거나 주위의 잡음에 의해 잘 들리지 않을 수도 있습니다. 그리고 다른 모국어 화자의 사이에는 서로 잘 못 알아듣거나 오해가 생기는 것이 다반사입니다. 상대가 말하는 것을 잘 모른 채로 전화가 끝나버릴 수도 있습니다.

　　　이러한 문제를 피하기 위한 힌트는, 우리들의 평소의 회화에 있습니다. 우리들은 무의식중에 서로 상대가 말한 것을 다시 말하거나 다시 묻거나 해서, 정보를 서로 확인해 가면서 회화를 진전시킵니다. 비즈니스 관계에서는 의식적으로 서로 정보를 정리·확인하도록 하여, 서로 정확하게 의사소통할 수 있도록 노력합시다.

確認!

대화예문 안에서 서로 정보를 정리·확인하고 있는 부분에 선을 그읍시다. 그리고 어떠한 표현을 쓰고 있는지 확인합시다.

■ 電話の表現

● 電話をかけた相手が不在のとき ●

---

1 伝言を頼む

- 恐れ入りますが、伝言をお願いできますか。

- お手数ですが、おことづけをお願いできますでしょうか。

---

2 何時に戻るか尋ねる

- いつごろお戻りになりますか。

- いつごろお帰りになりますか。

- いつごろお電話したらよろしいでしょうか。

---

3 相手の名前を確認する

- 失礼ですが/恐れ入りますが、お名前を伺っても

  /お伺いしてもよろしいでしょうか。

4　伝言を預かる

- おさしつかえなければ、私がご用件/ご伝言を伺いますが/お伺いいたしますが/承りますが。

5　担当者が不在のため、折り返し電話をすることを申し出る

呉　　はい、ソウル電気の海外営業部でございます。

山田　大阪物産の山田と申しますが、いつもお世話になっております。海外営業部の金様はいらっしゃいますか。

呉　　こちらこそお世話になっております。

　　　金はあいにく席を外しておりますが、まもなく戻ると思います。

　　　戻りましたら、こちらから折り返し、お電話いたしましょうか。/お電話させていただきます。

山田　お手数をおかけいたしますが、そのようにお願いいたします。

呉　　かしこまりました。大阪物産の山田様ですね。

　　　念のため、お電話番号をお伺いしたいのですが。

山田　はい、国番号は日本で81です。81の3の179の0564番でございます。

呉　　日本81の3の179の0564番でございますね。確かに金に申し伝えます。

　　　申し遅れましたが、私は海外営業部の呉と申します。

山田　海外営業部の呉様ですね。よろしくお願いいたします。

　　　　失礼いたします。

呉　　はい、失礼いたします。

* 電話で数字を伝えるときには、0、7、4、9の言い方に注意する。
  聞き間違いを避けるため、次のように言う。
  0　ぜろ　（×れい）　　　　4　よん　（×し）
  7　なな　（×しち）　　　　9　きゅう（×く）

6　折り返し電話をしてほしいと伝言を残す

　　電話をかけた方が折り返し電話をしてほしいという伝言を頼むこともあります。そのときは、下記*1,2のような表現を使います。

*1 呉　　こちらこそお世話になっております。

　　　　金はあいにく外出しておりまして、2時ごろに戻る予定です。

　　　　いかがいたしましょうか。

*2 山田　それでは恐れ入りますが、伝言をお願いできますか。

　　　　大阪物産の山田までお電話くださるようにお伝え願えませんでしょうか。

　　　　（お伝えいただけませんでしょうか／お伝え願います）

練習Ⅶ　1と2の会話をペアで練習しましょう。

7　折り返し電話をする/もらう

金　はい、ソウル電気の海外営業部でございます。

山田　大阪物産の田中と申しますが、いつもお世話になっております。海外営業部の金さん/様はいらっしゃいますか。

金　はい、私でございます。
　　山田さん/様、お忙しいところ、
　　折り返しお電話をいただきありがとうございます。

山田　納期の変更の件でお電話をいただいたようですが。

金　はい、～(用件を伝える)

練習Ⅷ　上の会話をペアで練習しましょう。

コラム

就職人気企業

「毎日コミュニケーションズ」は、2010年の卒業予定者を対象に『大学生就職人気企業ランキング』調査結果発表を行った。http://www.mycom.co.jp/news/2011/02/2012_3.html

順位	文系	理系
1位	JTBグループ	パナソニック
2位	ANA(全日本空輸)	味の素
3位	資生堂	ソニー

　上記の結果からわかるように、文系ではJTBグループが4年連続の1位となり、男女ともに高い人気を集めている。性別では男子学生の1位はJR東日本(東日本旅客鉄道)であり、女子学生の1位はJTBグループである。一方、理系の学生に高い支持を受けた企業はパナソニックである。性別では、男子学生の1位は2年連続でパナソニックであり、女子学生の1位は明治グループ(明治製菓・明治乳業)である。

　2000年以降12回の文系学生ランキングで11回目の1位となったJTBグループに対して、男女ともに「業界上位の企業で、したいことができるようだ」という点を高く評価しているだけでなく、「国際的な仕事ができ、商品企画力もある」と、幅広い支持を集めている。2位のANAは8年連続でTOP3を占め、3位の資生堂も7年連続でTOP5入りしている。

一方、理系男子学生から高い支持を得ているパナソニックに対しては、学生は「技術力が高く、業界上位である」という点が大半を占めたが、いち早く新入社員の海外研修を取り入れるなど、グローバル化に向けた取り組みが評価されたという声もある。2位の味の素は男女ともに人気が高く、食品人気の象徴的企業といえ、医薬・健康関連も含めた多岐にわたる事業内容が人気を集めている。学生は「業界上位の企業で、安定している」「したいことができる」という点を挙げている。また、理系学生上位10位のうち9社が昨年と同じ企業であり、文系同様、景気にかかわらず支持される傾向がみられる。

調べてみよう

1. 韓国で就職活動をしている学生たちに人気のある企業はどこでしょうか。また、その理由は何でしょうか。インターネットなどで調べてみましょう。

2. 日本ではトヨタ自動車と資生堂は就職活動をしている学生たちに不動の人気を誇っていますが、その理由は何でしょうか。それぞれの企業のホームページなどを調べ、その要因を探ってみましょう。

3. 韓国では、学生たちが就職活動をするとき、最も重視する点は何でしょうか。インターネットや就職活動をしている友人や先輩にインタビューをして調べてみましょう。

第6課　依頼を承諾する

●●● **目標**
・依頼を承諾するときの基本的な表現が使えるようになる。

●●● **考えよう**
・依頼を承諾するときに話し方や態度で気をつけなければならないことは何だろう。
　それはなぜか。

会話

　ソウル電気の洪さんのところへ、福岡テクノロジーの伊藤さんが訪問します。伊藤さんは、新製品を紹介し、既に取引のある製品Aについても相談したいと思っています。応接室で5分ほど洪さんを待っています。伊藤さんの依頼を洪さんはどのように承諾しているでしょうか。

[応接室で]

洪　　お待たせして申し訳ありません。

　　　会議が長引いてしまいまして。

伊藤　ご無沙汰しております。お忙しそうですね。

洪　　ええ、ちょうど決算期なものですから。

　　　早速ですが、本日はどのようなご用件で。

伊藤　ええ、まず弊社の新製品についてご紹介させていただきたいと存じます。

洪　　ええ、ぜひお伺いいたします。

伊藤　ありがとうございます。それから、いつもご利用いただいております製品Aにつきましても、少々ご相談させていただけませんでしょうか。

洪　ええ、承知いたしました。それから、製品Bの規格変更についてもご説明いただけませんでしょうか。

 新しいことば

新製品	신제품	長引く	길어지다, 오래 걸리다
既に	이미	ご無沙汰する	자주 연락을 못해서 죄송하다
取引(する)	거래(하다)	決算期	결산기
依頼(する)	의뢰(하다)	早速	곧, 즉시, 재빨리
承諾(する)	승낙(하다)	利用(する)	이용(하다)
申し訳ない	대단히 죄송하다	承知	알고 있음, 들어줌, 승낙함
会議	회의	規格変更	규격변경

■ 表現

1 お待たせして申し訳ありません。

- 「お待たせいたしました。」보다도 사과의 감정이 더 들어간 표현이다.

> **ポイント！**
>
> 사회에 따라 약속을 얼마나 철저하게 지키는지는 조금씩 다르다. 상대가 일본기업인 경우에는, 약속한 것은 엄수하지 않으면 안 된다고 생각하는 것이 좋다. 특히 시간에 대한 감각의 차이에는 주의하자. 가령, 약속을 잡고 상대의 회사를 방문하는 경우라면, 약속한 시간보다도 5~10분 정도 일찍 회사를 방문해서, 약속한 시간까지 로비 같은 곳에서 기다리거나 하는 사람도 많다. 어쩔 수 없이, 약속한 시간보다 늦을 것 같을 때는, 꼭 전화를 해야 된다. 예를 들면, 「대단히 죄송합니다만, 길이 막혀서 10분 정도 늦겠습니다.」 등, 사과를 하고, 어느 정도 늦을지, 왜 늦는지를 전한다. 물론 거래처가 자신을 찾아올 때에도, 같은 식으로 시간에는 확실히 대응할 수 있는 준비를 해 두어야 할 것이다.

2 会議が長引いてしまいまして。

動詞・て形 てしまいまして。

- 「~てしまって」의 정중한 말씨. 동사의 「て」형 표현만으로 이유를 나타낼 수 있다. 본래는 「長引いてしまって、遅くなりました」가 된다. 여기에서 늦은 것은 상황으로 미루어 보아 분명하므로 생략 가능하다.

- 「~しまう」에는 바람직하지 않은 상황이나 결과, 실패했을 때에 유감스러움이나 죄송함을 나타낸다.

3 ご無沙汰しております。

- 「お久しぶりです。(오랜만입니다.)」의 정중한 말이다.

4　お忙しそうですね。

- 본론에 들어가기 전에 상대방의 모습이나 날씨, 기후를 화제로 삼으면, 자리의 분위기가 부드러워진다.

- 상대의 모습을 말할 때는 다음과 같은 표현이 있다.

  お忙しそうですね。

  お元気そうですね。

  少しお疲れのようですね。

  少しお痩せになったようですね。*

  少しふっくらされたようですね。*

  ポイント！

  「太った、痩せた」 등, 상대의 체형에 관한 것은 일본에서는 실례가 되기 때문에 피하는 것이 좋다. 양호한 인간관계를 쌓기 위한 수단은 되지 않는다. 친한 사이가 되면 문제가 되지 않는 경우가 많지만, 그렇더라도 좋지 않은 의미로 쓸 때는 주의할 필요가 있다. 특히 손윗사람이나 별로 친하지 않은 사람에게는 피하는 것이 무난하다. 자세한 것은 칼럼란을 읽어보자.

- 날씨나 기후를 화제로 삼을 때는 다음과 같은 표현이 있다.

  [春]　暖かくなりましたね。
  　　　早いものでもう桜の季節ですね。

  [梅雨]　雨が続きますね。

  [夏]　暑いですね。

  [秋]　ずいぶん涼しくなりましたね。
  　　　肌寒くなりましたね。

  [冬]　寒いですね。冷えますね。
  　　　すっかり寒くなりましたね。

  [春・秋]　ずいぶん過ごしやすくなりましたね。

第6課 依頼を承諾する

　　　　いい季節になりましたね。
[雨が降ったとき]
　　　　雨が続きますね。
　　　　急に雨が降り出しましたね。
[季節の変わり目]
　　　　もうすぐ春/夏/秋/冬ですね。
[新しい季節を迎えたことを実感したとき]
　　　　もうすっかり春/夏/秋/冬ですね。

5　弊社の新製品についてご紹介させていただきたいと存じます。

　　製品Aにつきましても、少々ご相談させていただけませんでしょうか。

1)　(お/ご) 動詞・使役形 (さ)せていただきたいと存じます。

　　　特別な形の動詞 させていただきたいと存じます。

2)　(お/ご) 動詞・使役形 (さ)せていただけませんでしょうか。

　　　特別な形の動詞 させていただけませんでしょうか。

- 1과 2의「[동사・사역형](さ)せていただけませんでしょうか」는 제5과 표현1「①その行為が相手や他者に許可をもらって行う/行ったことを表す」에 해당한다. 1은 허가를 받고 싶다는 기분을 드러냄과 동시에「します」라는 강한 의지도 나타낸다. 2는 의문형으로 상대의 허가를 구하는 동시에 강한 의지도 포함하고 있어서 화자가 그 행위를 하겠다고 하는 것으로 받아들이는 경우가 많다.

6 ええ、承知いたしました。

- 상대방의 의뢰를 승낙할 때의 표현이다.
- 「承知いたしました」는 「わかりました」의 겸양어이다. 「聞きます」의 겸양어를 써서 「ええ、お伺いします」라고 할 수도 있다.

7 製品Bの規格変更についてもご説明いただけませんでしょうか。

> お/ご [動詞・ます形] いただけませんでしょうか。
> [動詞・て形] ていただけませんでしょうか。
> [特別な形の動詞] いただけませんでしょうか。

- 상대의 행위를 요구할 때의 표현이다. 행위자는 화자가 아니라 상대이지만「받는」것은 화자이다. 때문에「いただく」라는 겸양어를 써서 표현한다.
- 「~いただけませんでしょうか」라고 의문형으로 상대의 의향을 물어보는 형식이지만 화자의 강한 의지가 담겨 있어서 상대에게 그 행위를 하도록 지시하는 것으로 받아들일 경우가 많다.
- 「[동사・て형]ていただけませんでしょうか」를 써서「製品Bの規格変更についても説明していただけませんでしょうか」라고 할 수도 있다. 존경의 정도는 대화 예문보다 낮아진다.

> **ポイント！**
>
> 상대방의 행위를 지시할 때는「~いただきます」가 된다.
>
> 1) お/ご+[動詞・ます形]+いただきます　　例 ご+説明します+いただきます
> 2) [動詞・て形]ていただきます　　例 説明していただきます
> 3) [特別な形の動詞]いただきます　　例 ご覧になりますいただきます
> 　　　　　　　　　　　　　　　　　　　　お越しになりますいただきます

第6課 依頼を承諾する

会話を見直そう

「考えよう」에서 여러분이 중요하다고 지적한 것이 대화 예문에 반영되어 있습니까?
반영되어 있지 않다면 한 번 더 생각해 봅시다.
- 대화 예문에 각자가 지적한 것을 넣는 편이 좋다.
  → 대화 예문에 가필 수정해 보자.
- 대화 예문에 각자가 지적한 것을 넣지 않아도 된다.
  → 왜 넣지 않아도 되는지 이유를 명확하게 하자.

■ 練習

練習I 「~(さ)せていただけませんでしょうか」を使って、例のようにビジネス場面に適切な会話文にしましょう。

> 例 直接会って説明したい。
> → お目にかかってご説明させていただけませんでしょうか。

1. 工場、見学したい。

   _____

2. この書類、コピーをとりたい。

   _____

3. 値引き、上司と相談して改めて返事したい。

   _____

4. 今回の不手際、直接会って謝りたい。

　　_____

5. 不良品発生の原因、会社で調査してから改めて連絡したい。

　　_____

6. ビジネス場面を想定して、「～(さ)せていただけませんでしょうか」を使って、会話文を作りましょう。

　　_____

　　_____

　　_____

練習Ⅱ　依頼(許可要求)と承諾の会話文を作りましょう。例のようにビジネス場面に適切な会話文にしましょう。

> [例]
> A 今度の新製品の件で、自社の営業課の者を紹介したい。
> B いいよ。営業部長に伝えておく。
>
> [会話]
> A：恐れ入りますが、今度の新製品の件で、弊社の営業課の者をご紹介させていただけませんでしょうか。
> B：ええ、いいですよ。営業部長に伝えておきます。

1. A　サンプル品の到着日、17日から21日に変更したい。

　　B　わかった。

第6課 依頼を承諾する

[会話]
A： 大変申し訳ございませんが、
_____

B： _____

2. A 値引きについては、社に戻ってもう一度検討したい。

   B わかった。よろしく。

   [会話]
   A：恐れ入りますが、_____

   B：_____

3. ビジネス場面を想定して会話文を作りましょう。

(1) A： _____
       _____

    B： _____

(2) A： _____
       _____

    B： _____

練習Ⅲ　依頼(行為要求)と承諾の会話文を作成しましょう。「～いただけませんでしょうか」
という表現を使い、例のようにビジネス場面に適切な会話文にしましょう。

> 例
> A 今度の新製品の件で、相手の会社の営業部の人を紹介してほしい。
> B いいよ。営業部長に伝えておく。
>
> [会話]
> A：恐れ入りますが、今度の新製品の件で、御社の営業課の方をご紹介いただけませんでしょうか。
> B：ええ、いいですよ。営業部長に伝えておきます。

1. A 製品Qを20個大至急送ってもらいたい。

   B わかった。すぐに手配する。

   [会話]
   A：お手数をおかけいたしますが、_____
   _____

   B：_____

2. A 自社ホームページの作成費について、見積もりを出してほしい。

   B すぐに見積もりを作成して、送る。

   [会話]
   A：すみませんが、_____
   B：_____

3. A 製品Aの営業担当者の名前を教えてほしい。

   B すぐに確認して、折り返し電話する。

[会話]
A：恐れ入りますが、_____

B：_____

4. A 製品Aはモデルチェンジで在庫がなくなってしまった。新モデルへの変更を検討してほしい。

   B そうか。その場合、価格はどうなるのか。

   A 性能がアップしたので若干価格が上がった。

   B 社で検討するので、見積もりとサンプル品を持ってきてほしい。

   [会話]
   A：恐れ入りますが、
   _____
   _____
   B：_____
   A：_____
   B：_____

5. ビジネス場面を想定して会話文を作りましょう。

   (1) _____
   _____
   _____

(2) _____
_____
_____

練習Ⅳ 練習ⅡとⅢの題材を使って、依頼と承諾の会話練習をしましょう。(第1課で決めた会社名や部署名を使いましょう。)

❶ 下記のスクリプトを使ってどのように言えばいいか考えましょう。

❷ 準備ができたら、ペアで練習してください。

[応接室で]

A　お待たせして申し訳ありません。会議が長引いてしまいまして。

B　ご無沙汰しております。お忙しそうですね。

A　ええ、ちょうど決算期なものですから。早速ですが、本日はどのようなご用件で。

B ❶〈依頼する〉_____

A ❷〈承諾する〉_____

B ❸〈お礼を言う〉_____

第6課 依頼を承諾する　115

コラム

就職活動

就職問題は、日本でも大学生の大きな関心事の一つです。

かつては四年生の秋以降に行われた就職活動(「就活」という)は、1996年の「就職協定」廃止により、三年生の秋以降から行われています。学生たちはインターネット上のいくつかの就職情報専門サイト(「リクナビ」、「日経就職ナビ」、「マイナビ」など)や、各大学にあるキャリアセンターの企業情報を利用して情報を収集し、各企業への資料請求を行います。企業の本格的な採用活動が始まるのは1月末からで、学生たちが提出した履歴書・自己紹介文・志望動機書などのエントリーシートによる一次選考が行われます。現在は日本経済団体連合会(経団連)の倫理憲章に基づき、試験・面接などは4月以降となっており、5月のゴールデンウィークごろから内定が出始めます。また、三年生の夏休みなどを利用したインターンシップも行われ、4割近い学生たちが参加しており(文化放送キャリアパートナーズ『新卒採用戦線総括2009』)、就職活動の一環として組み込まれています。

就職活動の基本的な流れ

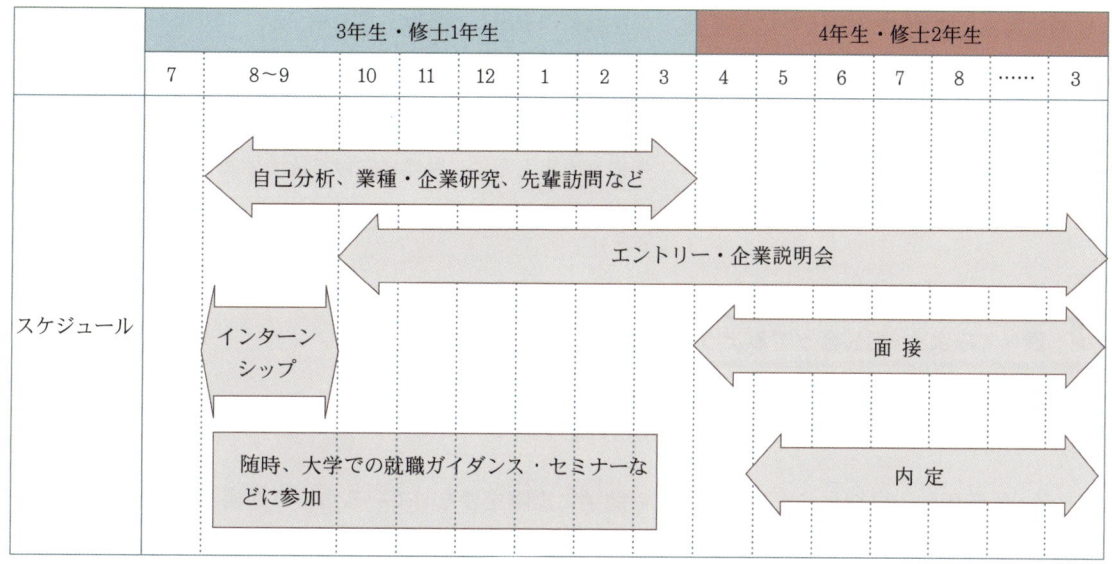

　一方、企業側の採用動向はどのようなものでしょうか。職種などによって異なりますが、一般的には「これまで何をしてきたか」よりも「これから何ができるか」を重視していると言われています。在学中からTOEICなどの語学試験、各種の資格試験などを受験する学生もいますが、大事なのは資格取得ではなく、なぜそれらの資格を取ろうとしたかという動機が重要視される傾向にあります。

就職基礎能力(厚生労働省調査)	
コミュニケーション能力	意志疎通、協調性、自己表現力
職業人意識	責任感、主体性、向上心・探究心(課題発見力)、職業意識・勤労観
基礎学力	読み書き、計算・数学的思考、社会人常識
ビジネスマナー	基本的なマナー
資格取得	情報技術関連、経理・財務関連、語学関係

社会人基礎力（経済産業省調査）	
「前に踏み出す力」アクション	一歩前に踏み出し、失敗しても粘り強く取り組む力
「考え抜く力」シンキング	疑問を持ち、考え抜く力
「チームで働く力」チームワーク	多様な人とともに、目標に向けて協力する力

調べてみよう・話し合ってみよう

1. 韓国での就職活動はどのように進められますか。

2. 就職活動の早期化により、大学での勉学に支障をきたしているという指摘がありますが、みなさんはどのように考えますか。

3. 日本では社会人にはどのような力が求められているのでしょうか。上記の表を参考にして具体的に話し合ってみましょう。

▶ コラム欄の執筆にあたって、立命館大学キャリアセンター・栗山剛氏の協力を得た。

第7課　依頼を断る

●●● **目標**
・依頼を丁寧に断るときの基本的な表現が使えるようになる。

●●● **考えよう**
・依頼を断るときに話し方や態度で気をつけなければならないことは何だろう。
　それはなぜか。

会話

先日、ソウル電気の洪さんのところへ、福岡テクノロジーの伊藤さんが訪問し、新製品について説明をしました。伊藤さんは、洪さんに電話し、新製品の契約ができるか確認するつもりです。一方、ソウル電気では、会議で新製品の契約について話し合いましたが、契約は見送ることにしました。理由は複数ありますが、そのひとつはコスト面です。洪さんはどのように断っているでしょうか。

[電話で]

洪　お待たせいたしました。国際営業部の洪です。

伊藤　福岡テクノロジーの伊藤ですが、お世話になっております。

洪　こちらこそお世話になっております。
伊藤さん、先日はご足労いただきまして、ありがとうございました。

伊藤　いいえ、こちらこそお忙しい中お時間をとっていただきまして、ありがとうございました。
早速ですが、先日お話しさせていただいた新製品の件なんですが、ご検討いただけましたでしょうか。

洪　ええ、弊社で検討したんですが、コスト面での折り合いがつかず、社内で合意が得られなかったんですよ。

伊藤　それでは、至急弊社でコスト面を見直しますので、もう一度御社にお伺いしてご説明させていただけませんでしょうか。

洪　残念ですが、今回はちょっと…。また次回お願いいたします。

伊藤　さようでございますか。それでは、また次の機会によろしくお願いいたします。失礼いたします。

洪　申し訳ありません。失礼いたします。

新しいことば

確認する	확인하다	折り合いがつく	타협을 하다
一方	한편/한 쪽, 한 방향	社内	사내
会議	회의	合意を得る	합의를 얻다(합의가 되다)
話し合う	이야기를 나누다, 의논하다.	至急	서둘러
見送る	보류하다	見直す	다시 보다, 재검토하다
理由	이유	今回	이번
複数	복수(여러 개)	次回	다음 (번)
コスト面	비용 면, 코스트 면	残念な	유감스러운
断る	거절하다, 사절하다	次の機会	다음 기회
足労	왕림(남에게 걸음을 걸려 수고롭게 함.)		

■ 表現

1 先日お話しさせていただいた新製品の件なんですが、ご検討いただけましたでしょうか。

お/ご	動詞・ます形	いただけましたでしょうか。
	動詞・て形	ていただけましたでしょうか。
	特別な形の動詞	いただけましたでしょうか。

- 화자에게 이익이 되는 상대방의 행위에 대해 이미 했는지 여부를 확인하는 표현. 「〜いただけましたでしょうか」를 사용함으로 인해 「〜いただけましたか」보다 정중한 말투가 된다.

2 弊社で検討したんですが、コスト面での折り合いがつかず、社内で合意が得られなかったんですよ。

| 名詞 | の折り合いがつかず、 |

- 「折り合いがつく」는 여러 가지 의견이나 요인이 조정되어 해결된다라는 뜻이다. 「コスト面の折り合いがつかない」는 「비용에 관해서 여러 가지 의견이나 문제가 있어 해결되지 않았다.」라는 뜻이다.

3 残念ですが、今回はちょっと…。また次回お願いいたします。

残念ですが、

- 상대의 의뢰를 승낙할 수 없을 때 거절하는 표현. 예문과 같이 맨 앞에 「残念ですが」라는 말을 덧붙이면 보다 정중한 표현이 된다.
- 그 외에는 다음과 같은 표현이 있다.
  あいにくですが…。
  せっかくですが…。
  申し訳ないんですが…。

今回はちょっと…。

- 상대의 의뢰를 승낙할 수 없을 때, 거절하는 표현.
- 그 외에는 다음과 같은 표현이 있다.
  今回は見合わせます。
  今回は見送ります。

また次回お願いします/いたします。

- 상대의 의뢰를 승낙할 수 없을 때, 거절하는 표현.
  승낙하지 않음・거절을 전하는 표현이기도 하지만, (서로의) 관계를 이후에도 계속 유지해 갈 것을 염두에 둔 표현이기도 하다.
- 그 외에는 다음과 같은 표현이 있다.
  またいいお話があったらお願いします。
  またいい製品が出たら/を出されたら、ご紹介ください。

会話を見直そう

「考えよう」에서 여러분이 중요하다고 지적한 것이 대화 예문에 반영되어 있습니까?
반영되어 있지 않다면 한 번 더 생각해 봅시다.

- 대화 예문에 각자가 지적한 것을 넣는 편이 좋다.
  → 대화 예문에 가필 수정해 보자.
- 대화 예문에 각자가 지적한 것을 넣지 않아도 된다.
  → 왜 넣지 않아도 되는지 이유를 명확하게 하자.

■ 練習

練習Ⅰ 依頼と不承諾の会話文を作成しましょう。例のようにビジネス場面に適切な会話文にしましょう。

> 例　A　この企画について、もう一度検討してもらいたい。
> 　　B　残念だが、今回はちょっと。
>
> [会話]
> A：この企画について、もう一度ご検討いただけないでしょうか。
> B：残念ですが、今回はちょっと…。

1. A　すまないが、先日送った請求書の件なのだが、できれば今日中に入金してほしい。

   B　入金が遅れて申し訳ない。しかし、今日中はちょっと…。今週中には必ず入金する。

   A　わかった。じゃ、できるだけ早くお願いする。

B　わかった。ありがとう。

　　[会話]
　　A：＿＿＿＿＿＿＿＿＿＿＿＿＿＿＿＿＿＿＿＿＿＿＿＿＿＿＿＿＿＿＿＿
　　　　＿＿＿＿＿＿＿＿＿＿＿＿＿＿＿＿＿＿＿＿＿＿＿＿＿＿＿＿＿＿＿＿

　　B：＿＿＿＿＿＿＿＿＿＿＿＿＿＿＿＿＿＿＿＿＿＿＿＿＿＿＿＿＿＿＿＿
　　　　＿＿＿＿＿＿＿＿＿＿＿＿＿＿＿＿＿＿＿＿＿＿＿＿＿＿＿＿＿＿＿＿

　　A：＿＿＿＿＿＿＿＿＿＿＿＿＿＿＿＿＿＿＿＿＿＿＿＿＿＿＿＿＿＿＿＿

　　B：＿＿＿＿＿＿＿＿＿＿＿＿＿＿＿＿＿＿＿＿＿＿＿＿＿＿＿＿＿＿＿＿

2. A　製品Aの件なのだが、もう少し仕入れ価格を下げてもらいたい

　　B　申し訳ないが、これ以上はちょっと…。

　　A　そこを何とかお願いできないか。

　　[会話]
　　A：＿＿＿＿＿＿＿＿＿＿＿＿＿＿＿＿＿＿＿＿＿＿＿＿＿＿＿＿＿＿＿＿

　　B：＿＿＿＿＿＿＿＿＿＿＿＿＿＿＿＿＿＿＿＿＿＿＿＿＿＿＿＿＿＿＿＿
　　　　＿＿＿＿＿＿＿＿＿＿＿＿＿＿＿＿＿＿＿＿＿＿＿＿＿＿＿＿＿＿＿＿

　　A：＿＿＿＿＿＿＿＿＿＿＿＿＿＿＿＿＿＿＿＿＿＿＿＿＿＿＿＿＿＿＿＿

3. A　よかったら、新製品Aをぜひ試してもらいたい。

　　B　いい製品だと思うが、すでに他社の製品を使用している。

　　A　そうか。では、次の機会にお願いする。

[会話]

A：＿＿＿＿＿＿＿＿＿＿＿＿＿＿＿＿＿＿＿＿＿＿＿＿＿＿＿＿＿＿＿＿

B：＿＿＿＿＿＿＿＿＿＿＿＿＿＿＿＿＿＿＿＿＿＿＿＿＿＿＿＿＿＿＿＿
　　＿＿＿＿＿＿＿＿＿＿＿＿＿＿＿＿＿＿＿＿＿＿＿＿＿＿＿＿＿＿＿＿

A：＿＿＿＿＿＿＿＿＿＿＿＿＿＿＿＿＿＿＿＿＿＿＿＿＿＿＿＿＿＿＿＿

4. A　この機械の写真を撮りたい。

B　現段階では、まだ社外秘だから…。

A　そうか。わかった。

[会話]

A：＿＿＿＿＿＿＿＿＿＿＿＿＿＿＿＿＿＿＿＿＿＿＿＿＿＿＿＿＿＿＿＿

B：＿＿＿＿＿＿＿＿＿＿＿＿＿＿＿＿＿＿＿＿＿＿＿＿＿＿＿＿＿＿＿＿

A：＿＿＿＿＿＿＿＿＿＿＿＿＿＿＿＿＿＿＿＿＿＿＿＿＿＿＿＿＿＿＿＿

5. A　一度Bさんの会社に行って、見積もりだけでも見てもらいたい。

B　申し訳ないが、今回はちょっと…。

A　じゃまた次の機会にお願いしたい。

[会話]

A：＿＿＿＿＿＿＿＿＿＿＿＿＿＿＿＿＿＿＿＿＿＿＿＿＿＿＿＿＿＿＿＿

B：＿＿＿＿＿＿＿＿＿＿＿＿＿＿＿＿＿＿＿＿＿＿＿＿＿＿＿＿＿＿＿＿
　　＿＿＿＿＿＿＿＿＿＿＿＿＿＿＿＿＿＿＿＿＿＿＿＿＿＿＿＿＿＿＿＿

A：＿＿＿＿＿＿＿＿＿＿＿＿＿＿＿＿＿＿＿＿＿＿＿＿＿＿＿＿＿＿＿＿

6. ビジネス場面を想定して会話文を作りましょう。

A：_____

_____

B：_____

練習Ⅱ 練習Ⅰの題材を使って、依頼と不承諾の会話練習をしましょう。(第1課で決めた会社名や部署名を使いましょう。)

❶ 下記のスクリプトを使ってどのように言えばいいか考えましょう。

❷ 準備ができたら、ペアで練習してください。

[電話で]

A お待たせいたしました。❶_____の_____です。

B ❷_____の_____ですが、お世話になっております。

A こちらこそお世話になっております。

❸_____さん、先日はご足労いただきまして、ありがとうございました。

B いいえ、こちらこそお忙しい中お時間をとっていただきまして、ありがとうございました。

早速ですが、❹〈依頼する〉_____

A ❹〈承諾できないことを伝える〉_____

B ❺〈会話を終える〉_____

それでは、失礼いたします。

A 失礼いたします。

■ ポイント−敬語

※ 비즈니스에 적합한 표현

わかりました。	→	かしこまりました。 承知いたしました。
すみません。	→	申し訳ありません。 申し訳ございません。
すみませんが、	→	恐れ入りますが、
どなたですか。	→	どなたさまでしょうか。
そうです。	→	さようでございます。
知りません。	→	存じません。
その件は聞いています。	→	その件は承っております。 その件は伺っております。
言っておきます。	→	お伝えします/いたします。 申し伝えます。
いいですか。	→	よろしいでしょうか。
ちょっと待ってください。	→	少々お待ちくださいませ。
どうぞ来てください。	→	どうぞお越しくださいませ。 どうぞお出でくださいませ。
○○さんはいますか。	→	○○さんはいらっしゃいますか。
それはできません。	→	それはいたしかねます。
どうも。	→	どうもありがとうございます。
では、失礼します。	→	それでは失礼いたします。

※ 단어의 맨 앞에 「お」「ご」를 붙이면 좋은 경우

- 상대에 관련되는 것에, 명사에 「お」「ご」를 붙인다.

  動作　ご出席、お話し、ご/お返事
  物　　ご住所、ご意見、お手紙
  状態　お元気、ご病気

- 관용표현에도 붙인다.

  ご飯、おはよう、ご馳走、お茶、お菓子

※ 「お」「ご」를 붙여서는 안 되는 말

- 外来語　ビール、コーヒー、トイレ

  원칙에 반하지만, 최근에는 외래어에 「お」「ご」를 붙여서 「おビール」「おトイレ」라고 말하는 사람도 있다.

- 公共物：学校、電車

- 自然：山、川、雨、台風

- 動植物：犬、猫、牛、木、草

> コラム

日本企業に挑戦 ①

① 履歴書

　志望する会社へのアクセスはホームページ上で行うことが多い。志望する会社を決めたら、まずその会社のホームページを探し、自分の名前、出身大学、連絡先など基本情報を登録しよう。次に、その会社の会社説明会に行き、会社の方針や業務内容などを勉強しよう。その後、いよいよ一次試験を受ける。会社によっては、会社説明会に出席しなければ受験できないこともあるので注意しよう。一次試験は書類審査である。応募書類を提出する。会社のホームページに用意されているエントリーシート（履歴書、自己紹介、志望動機などを書く）をダウンロードして、書類を作成する。送付方法はホームページ上、Eメールや郵送など、会社が指定する方法で行う。一次試験の書類審査に合格したら、会社から連絡があり、二次試験を受ける。二次試験ではその会社に出向き、筆記試験を受ける。筆記試験では、基礎学力や一般常識を問われることが多い。二次試験に合格したら、面接試験に呼ばれる。面接試験は、3～5回受ける。形式は個別、グループディスカッションなどである。

　まず履歴書を作成してみよう。

　以前は履歴書などの書類は全て手書きで行うことが常識であった。しかし、現在ではインターネット上でやりとりする会社が多く、そのような会社では書類もパソコンを使って作成することが多い。どちらで作成するかは会社の指示に従えば良い。履歴書では、略称を使わず、正式名称を記載することに注意しよう。

履歴書

❶「フリガナ」は片仮名で書き、「ふりがな」は平仮名で書く。

❷ 学歴と職歴を分けて書く。

2011年 4月 1日 現在

フリガナ	チェ ミ レ		
氏名	崔 未來		写真貼付 3×5cm
生年月日 19〇〇年 △△月 △△日（満×歳）		※ 男・⑨	
フリガナ ソウルトクベツシ ソンブック アナムドン コウライダイガッコウ アナムキシュクシャ ジョシガクセイトウ			
現住所　〒136－701 ソウル特別市城北区安岩洞5街 高麗大学校安岩寄宿舎女子学生棟〇〇号室			電話 02 ××－××
フリガナ			電話
連絡先	同上		

年	月	学歴・職歴(項目別にまとめて書く)
		学歴
19〇〇	2	ソウル市立安岩中学校　卒業
19〇〇	3	ソウル市立安岩高等学校　入学
19〇〇	2	ソウル市立安岩高等学　卒業
20〇〇	3	高麗大学校文科大学日語日文学科　入学
20〇〇	3	高麗大学校文科大学日語日文学科　休学（日本留学のため）
20〇〇	9	高麗大学校文科大学日語日文学科　復学
20〇〇	3	高麗大学校文科大学日語日文学科　卒業見込み
		以上

❸ 休学の理由を書く。

		職歴
		なし
		以上
年	月	免許・資格
20○○	×	日本語能力試験一級 合格
20○○	×	韓国・第二種大型自動車免許 取得 (日本の第一種普通自動車免許に相当)
20○○	×	TOEIC900点
20○○	×	高麗大学校主催 日本語弁論大会 最優秀賞

記入上の注意　　1. 鉛筆以外の黒又は青の筆記具で記入。
　　　　　　　　2. 数字はアラビア数字で、文字はくずさず正確に書く。
　　　　　　　　3. ※印のところは、該当するものを○で囲む。

履歴書

年　月　日　現在

フリガナ		写真貼付 3×5cm
氏名		
生年月日	年　月　日（満　歳）	※ 男・女	
フリガナ		電話
現住所		
フリガナ		電話
連絡先		

年	月	学歴・職歴(項目別にまとめて書く)

年	月	免許・資格

記入上の注意　　1. 鉛筆以外の黒又は青の筆記具で記入。

　　　　　　　　2. 数字はアラビア数字で、文字はくずさず正確に書く。

　　　　　　　　3. ※印のところは、該当するものを○で囲む。

▶ コラム欄の執筆にあたって、株式会社ベネッセコーポレーションの嘉村真裕子氏(早稲田大学卒業生)の協力を得た。

第8課　お礼を言う

●●● **目標**
- 丁寧にお礼を言うことができるようになる。

●●● **考えよう**
- お礼を言うときに話し方や態度で気をつけなければならないことは何だろう。それはなぜか。

会話

　ソウル電気の洪さんは、東京商事の中村さん（社長）の紹介でABC社と新しい契約を結ぶことができました。今日は、中村さんに契約締結の報告と挨拶に来ました。お世話になった取引先に、どのようにお礼を言えばいいでしょうか。

[応接室で]

中村　お待たせいたしました。お元気そうですね。

洪　　ええ、おかげさまで。中村社長さんもお元気そうですね。

　　　本日はお忙しい中お時間を割いていただきまして、ありがとうございます。

　　　おかげさまで、社長さんにご紹介いただきましたABC社と新しく契約を結ぶことができましたので、本日はご報告とご挨拶に伺いました。

中村　そうですか。それはよかったですね。

洪　　はい。中村社長さんには、松井部長さんをご紹介いただきまして、大変感謝しております。

中村　多少時間がかかりましたね。一時はどうなるかと思いましたが、無事に契約できて私もほっとしましたよ。

洪　　中村社長さんのお力添えのおかげです。

中村　いえいえ、こちらこそお役に立ててうれしいですよ。

　　　今後ともよろしくお願いいたしますよ。

洪　　こちらこそよろしくお願いいたします。社長の朴も一緒にご挨拶に伺いたいと申しておりましたが、ただ今中国へ出張しておりまして…。

中村　そうですか。

　　　朴社長さんには、近いうちに一緒にお食事でもしましょうとお伝えいただけますか。

　　　私も来月か再来月に一度ソウル出張がありますので。

洪　　はい、かしこまりました。申し伝えます。

中村　日程が決まったら、ご連絡しますよ。

洪　　はい、お待ちしております。

中村　お先に朴社長さんが日本へご出張なさるようでしたら、その時でもよろしいですよ。まあ、連絡を取り合いましょう。

洪　　ええ、よろしくお願いいたします。

新しいことば

契約を結ぶ	계약을 맺다	力添え	도와 줌, 원조, 조력
契約締結	계약체결	役に立つ	도움이 되다
報告(する)	보고(하다)	今後とも	앞으로도(금후로도)
時間を割く	시간을 할애하다(쪼개다)	出張する	출장가다
多少	다소, 조금	近いうちに	조만간에, 가까운 시일 안에
一時	한 때, 잠시, 잠깐	日程	일정
無事な	무사히	連絡を取り合う	서로 연락하다

表現

1 おかげさまで、先日ご紹介いただきましたABC社と新しく契約を結ぶことができましたので、本日はご報告とご挨拶に伺いました。

おかげさまで、 名詞 ができましたので、

- 상대의 도움으로 일이 잘 끝났을 때에 쓰는 감사의 말.

　　ポイント！
　　「그늘(음지：かげ(蔭))」는 해가 들지 않는 곳, 즉 숨어서 보이지 않는 것을 뜻한다. 변하여 「おかげさま(御蔭様)で」는 상대가 자기의 그늘이 되어 자기를 위해서 힘써주었다고 하는 뜻이 된다.

- 일반적인 인사로서 막연한 감사의 기분을 표할 때도 쓴다.

[例] A：ご両親はお元気でいらっしゃいますか。

B：はい、おかげさまで(元気にしております)。

예에서는 상대가 자기의 부모를 위해 특별히 무언가를 해준 것은 아니지만, 「おかげさまで」를 쓰고 있다. B는 부모가 건강한 것을 감사하는, 아니면 상대가 부모의 건강에 대해 걱정해 주는 것에 감사하는 등 여러 가지 해석이 가능하다.

2 中村社長さんには、松井部長さんをご紹介いただきまして、大変感謝しております。

お/ご	動詞・ます形	いただきまして、大変感謝しております/ありがとうございます。
	動詞・て形	ていただきまして、大変感謝しております/ありがとうございます。
	特別な形の動詞	いただきまして、大変感謝しております/ありがとうございます。

- 상대의 도움으로 일이 잘 끝났을 때에 쓰는 감사의 말.

- 「~いただきまして」앞에 상대가 구체적으로 해 준 것을 말한다.

    [例] パーティに出席してもらったとき
    ご出席いただきましてありがとうございます。
    出席していただきましてありがとうございます。

ポイント！

상대가 자기에게 해준 것에 대한 감사의 기분을 말할 때, 「いただく(もらう)」만이 아니라, 「くださる(くれる)」라는 표현을 쓸 수도 있다. 다음의 ① ②가 그 예이다.

1) ご注文いただきましてありがとうございます。
2) ご注文くださいましてありがとうございます。

分析しよう!

그러면 1)과 2)는 무엇이 어떻게 다를까?

- 감사의 대상이 명사인 경우에는 「[명사]をいただきまして大変感謝しております/ありがとうございます」가 된다.

    例 貴重な意見をもらったとき ➡ 貴重なご意見をいただきまして大変感謝しております。
        大変貴重なご意見をいただきましてありがとうございます。

    *「귀중한」의 부분을 바꾸면 상대의 의견이 왜 고마운지를 보여줄 수 있다.
    예를 들면, 「大変参考になる」、「大変勉強になる」、「大変お厳しい」、「大変率直な」 등의 표현을 잘 쓴다.

---

3 中村社長さんのお力添えのおかげです。

　　　姓/姓+役職　さんのお力添えのおかげです。

- 「お力添え」도 상대가 자신에게 준 도움에 대한 감사의 뜻을 나타낸다. 상대가 힘을 빌려주었기 때문에 잘 되었다는 뜻이다.

---

4 いえいえ、こちらこそお役に立ててうれしいですよ。

- 상대로부터 감사의 말에 대한 답변. 「どういたしまして」보다도 「役に立ててうれしい」라는 호의가 전달된다.

会話を見直そう

「考えよう」에서 여러분이 중요하다고 지적한 것이 대화 예문에 반영되어 있습니까?
반영되어 있지 않다면 한 번 더 생각해 봅시다.

- 대화 예문에 각자가 지적한 것을 넣는 편이 좋다.
  → 대화 예문에 가필 수정해 보자.
- 대화 예문에 각자가 지적한 것을 넣지 않아도 된다.
  → 왜 넣지 않아도 되는지 이유를 명확하게 하자.

■ 練習

練習Ⅰ 「~いただきましてありがとうございます」を使って、例のようにビジネス場面に適切な会話文にしましょう。

> 例　紹介する → 紹介していただきましてありがとうございます。
> ご紹介いただきましてありがとうございます。

1. 注文する

   → _____

   → _____

2. 検討する

   → _____

   → _____

第8課 お礼を言う　141

3. 来る

    → _____

    → _____

    → _____

4. 支払う

    → _____

    → _____

5. ビジネス場面を想定して、「～いただきましてありがとうございます」を使って、会話文を作りましょう。

    → _____

    → _____

練習 II 次の状況ではどのようにお礼を述べればいいでしょうか。また、お礼に対してどのように答えればいいでしょうか。お礼を述べるときには、「～いただきましてありがとうございます」を使ってください。

> 例　[伝える内容]
> A　自分の会社の急な要請にもかかわらず迅速に対応してもらった。おかげで無事に終わった。とても助かった。
> B　当然のことをしただけ。これからもよろしくお願いする。

> [会話]
> A：このたびは、弊社の無理な要請に迅速にご対応いただきまして、大変感謝しております。おかげさまで無事に終わりまして、大変助かりました。
> B：いえいえ、当然のことをしたまでですよ。今後ともよろしくお願いいたします。

1. [伝える内容]

   A　Bさんの会社に契約期間の延長をしてもらった。ぜひお礼を言いたい。

   B　我が社も、また一緒に仕事ができてうれしく思っている。

   [会話]
   A：＿＿＿＿＿＿＿＿＿＿＿＿＿＿＿＿＿＿＿＿＿＿＿＿＿＿＿＿

   B：＿＿＿＿＿＿＿＿＿＿＿＿＿＿＿＿＿＿＿＿＿＿＿＿＿＿＿＿

2. [伝える内容]

   A　今日は忙しいところ、新プロジェクトの説明会に出席してもらった。

   B　とても興味深く聞いた。

   [会話]
   A：＿＿＿＿＿＿＿＿＿＿＿＿＿＿＿＿＿＿＿＿＿＿＿＿＿＿＿＿

   B：＿＿＿＿＿＿＿＿＿＿＿＿＿＿＿＿＿＿＿＿＿＿＿＿＿＿＿＿

3. [伝える内容]

   A　この前送った資料は役に立ったか。

   B　おかげで無事にプレゼンを終えることができた。とても助かった。

第8課 お礼を言う

[会話]

A：＿＿＿＿＿＿＿＿＿＿＿＿＿＿＿＿＿＿＿＿＿＿＿＿＿＿＿＿＿＿＿＿

B：＿＿＿＿＿＿＿＿＿＿＿＿＿＿＿＿＿＿＿＿＿＿＿＿＿＿＿＿＿＿＿＿

4. [伝える内容]

A この前紹介したE社との契約はどうなったか。

B Aさんの力添えのおかげで、E社と新しく契約することができた。
Aさんには E社を紹介してもらって、とても感謝している。

[会話]

A：＿＿＿＿＿＿＿＿＿＿＿＿＿＿＿＿＿＿＿＿＿＿＿＿＿＿＿＿＿＿＿＿

B：＿＿＿＿＿＿＿＿＿＿＿＿＿＿＿＿＿＿＿＿＿＿＿＿＿＿＿＿＿＿＿＿
＿＿＿＿＿＿＿＿＿＿＿＿＿＿＿＿＿＿＿＿＿＿＿＿＿＿＿＿＿＿＿＿＿

5. ビジネス場面を想定して会話文を作りましょう。

(1) A：＿＿＿＿＿＿＿＿＿＿＿＿＿＿＿＿＿＿＿＿＿＿＿＿＿＿＿＿＿＿＿

B：＿＿＿＿＿＿＿＿＿＿＿＿＿＿＿＿＿＿＿＿＿＿＿＿＿＿＿＿＿＿＿
＿＿＿＿＿＿＿＿＿＿＿＿＿＿＿＿＿＿＿＿＿＿＿＿＿＿＿＿＿＿＿＿

(2) A：＿＿＿＿＿＿＿＿＿＿＿＿＿＿＿＿＿＿＿＿＿＿＿＿＿＿＿＿＿＿＿

B：＿＿＿＿＿＿＿＿＿＿＿＿＿＿＿＿＿＿＿＿＿＿＿＿＿＿＿＿＿＿＿
＿＿＿＿＿＿＿＿＿＿＿＿＿＿＿＿＿＿＿＿＿＿＿＿＿＿＿＿＿＿＿＿

練習Ⅲ	練習Ⅱの題材を使って、お礼を言うときの会話練習をしましょう。(第1課で決めた会社名や部署名を使いましょう。)

❶ 下記のスクリプトを使ってどのように言えばいいか考えましょう。

❷ 準備ができたら、ペアで練習してください。

◉ 先にお礼を言う場合

　A：＿＿＿＿＿＿さん、お元気そうですね。

　B：ええ、おかげさまで。＿＿＿＿＿＿さんもお元気そうですね。

　　　＜感謝を伝える＞＿＿＿＿＿＿＿＿＿＿＿＿＿＿＿＿＿＿＿＿。

　A：＜感謝に対して返答する＞＿＿＿＿＿＿＿＿＿＿＿＿＿＿＿＿。

◉ 尋ねられてからお礼を言う場合

　A：＿＿＿＿＿＿さん、お元気そうですね。

　B：ええ、おかげさまで。＿＿＿＿＿＿さんもお元気そうですね。

　A：ところで、＜自分が手伝ったことがどうなったか質問する＞。

　B：おかげさまで、＜うまくいったことを述べ、感謝を伝える＞。

第8課 お礼を言う　145

練習Ⅳ 第8課で学習した表現を使って、下記の設定で訪問者と応対者の会話をペアで練習しましょう。(第1課で決めた会社名や部署名を使いましょう。)

❶ 下記の設定でどのように言えばいいか考えましょう。

❷ 準備ができたら、ペアで練習してください。

A

私は韓国A社の社員(朴・部長)です。先日、我が社は海外進出を狙い、東京で行われた健康博覧会に初めて出展しました。今回の展示会の目的は、我が社の名前をより多くの日本の企業に知ってもらうことと、製品の質の高さを体験してもらうことでした。日本では無名の我が社のブースに来場者があるか心配でした。しかし、蓋を開けてみれば多くの方に関心を持ってもらいました。そのうち数社とはこれから契約に向けて交渉が始まる見込みです。第一歩としては大成功です。この成功の裏には、実は長年付き合いのある得意先の永井部長が知り合いを大勢紹介してくれたことがあります。永井部長には本当に感謝しています。

▶ 永井部長に感謝の気持ちを伝え、今後も日本市場への進出に向けて協力を頼みたいということを伝えてください。

B

私は日本B社の社員(永井・部長)です。韓国A社と取引があります。A社の自社製品は韓国の消費者から高い評価を得ています。今回、A社は日本進出を狙い、先日東京で行われた健康博覧会に出展しました。A社の朴部長から、展示会で我が社の日本の得意先を紹介してほしいと頼まれました。A社とは長年に渡って信頼関係を築いてきましたので、我が社の日本の得意先に安心して紹介できると判断し、紹介しました。そのうちの数社が関心を示し、契約に向けて交渉が始まりそうです。今日はわざわざ朴部長がお礼を言いに我が社を訪問する予定です。朴部長とは展示会の成功と日本進出へのスタートが切れた喜びを一緒に分かち合いたいと思います。

▶ 朴部長のお礼を受け、喜びを分かち合い、今後も良好な関係を築いていくことを約束してください。

■ ポイント −敬語の使い分け−

제1과와 제2과에서 배웠듯이 자사와 타사의 관계에서 경어를 구분해서 쓰는 법의 기본은, 존경어는 상대(=거래처)에 관한 것을 말할 때에 쓰고, 겸양어는 자기(=자사)에게 관한 것을 말할 때에 쓴다는 것입니다. 자사 내에서는 상사에게 존경어를 씁니다. 그러나 자사의 상사를 타사의 사람에게 이야기할 때에는 겸양어를 씁니다.

小林：(弊社の)田中社長が鄭部長さんと近いうちにお食事でもとおっしゃっていました。(自社の上司への尊敬語×)

小林：(弊社の)社長の田中が鄭部長さんと近いうちにお食事でもと申しておりました。
(謙譲語○)

練習Ⅴ 次の文の敬語の使い方で誤りに線を引き、正しい文にしましょう。

1. 鈴木：はい、ソウル物産、海外営業部の鈴木でございます。

   坂井：私、東京物産の坂井と申しますが、田中様はいらっしゃいますでしょうか。

   鈴木：はい、いらっしゃいます。少々お待ちくださいませ。
   （田中さん、ソウル物産の鈴木と申す人からお電話です。）

2. 矢野：佐藤部長さんにお目にかかりたいのですが。

   宮谷：申し訳ございませんが、あいにく佐藤部長さんは上海へ出張していらっしゃいます。

   矢野：さようでございますか。それでは、日を改めて来ます。

3. 田村：長野さんはお元気でいらっしゃいますか。

   大橋：ええ、おかげさまでお元気でいらっしゃいます。
   長野さんも本日一緒にいらっしゃりたいとおっしゃっていたんですが、ご都合が悪くなられて…。

   田村：そうですか。お忙しそうですね。

   大橋：ええ、お忙しいんです。

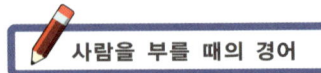 사람을 부를 때의 경어

対象	相手側の呼び方	自分側の呼び方
会社	御社 [社名]さん	弊社 当社 当方 わたくしども
役職	[姓]社長/様/さん 部長/様/さん 課長/様/さん	社長の[姓] 部長の[姓] 課長の[姓] 弊社の[姓]
同行者	お連れ様 ご同行者の方	連れの者
家族	ご家族の皆様	家の者
父母	お父様 お母様	父 母
配偶者* (女性)	お連れ合い (奥様、奥さん)	連れ合い 妻 (家内)
配偶者* (男性)	お連れ合い (ご主人/ご主人様)	連れ合い 夫 (主人)
娘	お嬢さん 娘さん	娘
息子	息子さん	息子
子供	お子様/さん	子ども
家	お宅 ご自宅	うち いえ 拙宅

「奥様/家内、ご主人様/主人」라는 표현도 잘 쓰이지만 남녀차별의 의미를 품고 있는 표현인 것에 주의하길 바란다. 주인은 가족의 주인 되는 사람이고, 「奥様」나 「家内」는 집 안에 있는 사람, 즉 가정 안에 있고 밖에 나가지 않는 것을 좋은 것으로 여기는 성의식에 기초해 있다. 그 때문에 이런 호칭을 사용하기를 꺼리거나 그런 호칭으로 불리면 불쾌하게 느끼는 사람이 적지 않다. 「妻、夫」나, 「함께 걸어가는 사람(連れ立って歩く人)」이라는 의미인 「お連れ合い、連れ合い」를 쓰면 좋다.

コラム

日本企業に挑戦② –自己紹介・志望動機–

● **自己紹介・志望動機を書いてみよう。**

フリガナ	チェ ミ レ
氏名	崔 未來
希望業種　出版	希望職種　編集
他に受験している会社　××人材派遣会社	

性格（長所・短所）
長所はどんな状況でも楽しみを見出して、楽しむことができることです。短所は負けず嫌いなところです。しかし、負けず嫌いなところを仕事に活かすことができると考えています。たとえば、自分が他人に否定されても意気消沈して終わるのではなく、改善するためにはどうしたらいいかを考えて、前向きに取り組みたいと考えています。

学生時代に打ち込んだこと
私は野球部のマネージャーの仕事に打ち込みました。マネージャーとして、組織の中で常に問題点を発見し、解決するためにどうしたらいいかを考えるように心掛けていました。例えば、ある時期女性マネージャー達が来なくなるということがありました。私は解決を図るため、彼らひとりひとりに会い、理由を聞いて回りました。その結果、彼女ら野球部に自分の役割がない、必要とされていないと思い、来なくなったということがわかりました。そこで、私は女性マネージャーを野球部に不可欠な存在にすべく案を練って、いくつか実践しました。その一つは、選手の成長を支えるマネージャーだからこそ見えること、持っている視点があると考え、試合後にその試合で活躍した部員にMVP賞を授けるというシステムを導入しました。活躍した部員というのは、試合に出た選手だけではなく、応援側に回った部員(控え選手や試合に出られない選手、マネージャーなど)も含みます。彼らに対して、マネージャーひとりひとりが独自の視点で頑張った人を見つけ、MVP賞を授けます。例えば、応援の声が一番出ていた人には、「声が一番出ていたで賞」を授けます。こうすることによって、陰で黙々と頑張っている部員へのありがたさを実感でき、

❶自己分析がどの程度できているかが見られる。冷静に長所と短所を分析できているかが重要である。長所は誇張したり、自慢したりしないようにしよう。短所は、それをどのように志望する会社のために活かせるかということも分析して書く。

❷ここは会社の志望動機、選択理由に関する内容を書く。志望動機の根拠を説明できる欄であるとして考える。単なる学生時代の思い出を書く欄ではないことに注意しよう。

部員全員で野球部を作っているんだ、試合に臨んでいるんだという一体感が生まれてきました。最後の試合で部員たちが私に「野球部で一番頑張ったで賞」をくれました。このとき、マネージャーの心が野球部から離れて何とかしようと奮闘し、苦しかったときのことを思い出し、これまであきらめずに、部員に働きかけ続けてきてよかったと実感しました。そして、人の成長に関わることが好きであることを実感し、社会人になっても人の成長に関わる仕事がしたいと考えています。

特技
日本語会話、英会話、テニス

得意科目
日本語、英語、数学

卒業論文
日本のプロ野球界における在日韓国人の変遷

志望動機
人の成長に関わる仕事をしたいと考え、貴社に志願いたします。

大学時代に野球部で部員の成長を支えることに情熱を注いできました。また、塾や家庭教師のアルバイトで子どもたちの勉強を手伝ったり、タイで教育ボランティアをしたりしました。当初は明確に意識していたわけではありませんでしたが、人の成長に関わることを自分の生きがいにしていることに気づき、乳児から成人まで幅広く教育分野の充実に寄与されている貴社で力を発揮できると考えております。

弊社で特に関心のある分野
貴社の幼児教育分野に関心を持っています。特に、親の教育から取り組んでいらっしゃる点に共感しております。しかし、貴社ではいずれの分野でも人の成長に関われるものであると存じますので、どのような業務であっても自分なりのやりがいを持って尽力できると考えております。

弊社で仕事をする上での不安な点
特にありませんが、不安や問題が生じても、私自身の長所である「楽しむこと」と短所である「負けず嫌い」な点を活かして、解決策を探り、取り組みたいと存じます。

---

❸その会社を選ぶ基準を明らかにする。
例は次の点について書いている。
・何をしたいか
・その理由は何か
・そのために努力した(している)こと
・なぜ貴社でなければならないのか

❹ぜひしたい仕事を書く。その一方で他の分野のことであっても、どんな仕事でも、きちんとやっていけるということをアピールする。

❺一般的には特にないと書く。その上で自己アピールもしっかりする。

フリガナ 氏名	
希望業種	希望職種
希望会社	他に志望している会社
性格(長所・短所)	
学生時代に打ち込んだこと	
特技	
得意科目	
卒業論文	
志望動機	
弊社で特に関心のある分野	
弊社で仕事をする上での不安な点	

▶ コラム欄の執筆にあたって、株式会社ベネッセコーポレーションの嘉村真裕子氏(早稲田大学卒業生)の協力を得た。

第9課 苦情を言う・謝る

●●● 目標
- 苦情の内容を的確に伝えられるようになる。
- 丁寧に謝ることができるようになる。

●●● 考えよう
- 苦情を言うときに話し方や態度で気をつけなければならないことは何だろう。それはなぜか。
- 謝るときに話し方や態度で気をつけなければならないことは何だろう。それはなぜか。

会話

　ソウル電機は名古屋技研に電子部品を輸出しています。前回納品した中に不良品があったようです。そこで、名古屋技研の加藤さんは、担当者の洪さんに電話を入れ、不良品発生の事実を伝え、できるだけ早く新しく製品を送るように交渉することにしました。加藤さんはどのように交渉すればいいでしょうか。また、洪さんはどのように謝ればいいでしょうか。

[電話で]

洪　　お待たせいたしました。洪でございます。

加藤　洪さん、いつもお世話になっております。

　　　名古屋技研の加藤ですが。

洪　　こちらこそいつもお世話になっております。

加藤　実は、先日50台納品していただいた製品の件なんですが、

　　　何台か不良品があるようなんですよ。

洪　　大変申し訳ございません。すぐに対応させていただきます。

加藤　現在、全ての商品を回収し、在庫分も出荷を停止しています。できれば、全て新しい製品と交換していただきたいのですが。

洪　　さようでございますか。ご迷惑をおかけいたしまして、

大変申し訳ございません。至急交換させていただきます。

　　　お手数ですが、今回の納品分は弊社までご返送いただけませんでしょうか。

加藤　わかりました。配送手配が整うのは、いつ頃でしょうか。

洪　　なんとか明日には配送手配させていただきます。

加藤　そうですか。本日中になんとかなりませんか。

　　　大至急お願いしたいんですが。

洪　　大変申し訳ございませんが、本日中は難しいかと存じます。

　　　多少お時間をいただきたいのですが。

加藤　そうですか。それでは、必ず明日までにお願いします。

　　　今後またこのようなことがあると当社としても困るんですが…。

　　　人気商品ですから、消費者の信頼を落とすとダメージが大きいんですよ。

洪　　ご迷惑をおかけすることになってしまい、本当にお詫びのしようもありません。

　　　今後、二度とこのようなことがないよう注意を徹底いたします。

加藤　ええ、頼みますよ。では、よろしくお願いします。

洪　はい。配送手配が済みましたら、改めてご連絡いたします。

今回の不手際、大変申し訳ございませんでした。

失礼いたします。

新しいことば

技研(技術研究所の略)	기연(기술연구소의 생략표현)	手数をかける	수고하게 하다, 번거롭게 하다
輸出する	수출하다	返送する	반송하다
電話を入れる	전화를 하다	配送手配	배송편 수배
不良品	불량품	整う	갖추어지다, 구비되다, 정돈되다
発生(する)	발생(하다)	当社	당사(자기 쪽 회사)
事実	사실	困る	어려움을 겪다, 곤혹스럽다
伝える	전하다	人気商品	인기상품
できるだけ	할 수 있는 한(가능한 한)	消費者	소비자
交渉する	교섭하다	落とす	떨어뜨리다
謝る	사과하다	ダメージ	손해, 피해, 데미지
先日	얼마 전	詫びる	사과하다, 사죄하다, 빌다
対応する	대응하다	二度と～ない	다시는 ～ 않다

商品(しょうひん)	상품	注意(ちゅうい)を徹底(てってい)する	철저히 주의하다
回収(かいしゅう)する	회수하다	頼(たの)む	부탁하다, 당부하다
在庫分(ざいこぶん)	재고물량	済(す)む	끝나다, 완료되다
停止(ていし)する	정지하다(시키다)	不手際(ふてぎわ)	실수, 잘못
交換(こうかん)する	교환하다		

■ 表現

1. 実(じつ)は、先日(せんじつ)50台納品(だいのうひん)していただいた製品(せいひん)の件(けん)なんですが、何台(なんだい)か不良品(ふりょうひん)があるようなんですよ。

> 名詞(めいし)/名詞句(めいしく) の件(けん)(なん)ですが、～んです。
> 何台(なんだい)か不良品(ふりょうひん)があるようなんですよ。

- 클레임의 내용을 전할 때는 우선 무엇에 관한 이야기인지를 「～ですが/んです」의 앞에서 말하고, 뒤에서는 문제점을 전한다.

2. さようでございますか。

- 「そうですか」보다도 정중한 표현

分析しよう！

> 대화 예문에서는 「さようでございますか」와 「そうですか」 둘 다 사용되고 있습니다.
> 이런 표현은 어떻게 구분해서 쓰이고 있을까요? 분석하고 생각해 봅시다.

---

3 ご迷惑をおかけいたしまして、大変申し訳ございません。

- 자기 회사의 잘못으로 거래처에 불이익을 생기게 했을 경우에 사과할 때의 일반적인 표현.

---

4 大変申し訳ございませんが、本日中は難しいかと存じます。
   多少お時間をいただきたいのですが。

> 大変申し訳ございませんが、～は難しいかと存じます。

- 상대방의 의뢰에 부응할 수 없음을 전하는 표현. 매우 죄송하다는 것을 앞서 말한 다음에 의뢰에 부응하는 것이 어렵다(=할 수 없다)는 것을 전한다. 덧붙여, 왜 어려운지 그 이유도 말한다. 대화 예문에서는 준비하는 데에 시간이 필요하다는 이유를 들고 있다.

ポイント！

「本日中は難しいかと存じます」를 「本日中は無理です」「本日中にはできません」「本日中にはいたしかねます」 등으로 바꾸어 써서는 안 된다. 자사의 잘못이기 때문에, 불가능하다는 식으로 말하지 말고, 가능한 한 부응하고 싶지만 어렵다는 기분을 보여주는 것이 중요하다는 점에 주의하자.

5 ご迷惑をおかけすることになってしまい、本当にお詫びのしようもありません。

- 자기 회사의 잘못에 의해 상대에게 불이익을 생기게 한 것을 매우 죄송하게 생각하고 있음을 나타내는 표현.

6 今後、二度とこのようなことがないよう注意を徹底いたします。

- 자기 회사가 잘못을 했을 때는, 사과할 뿐만 아니라, 앞으로 재발하지 않도록 노력한다는 자세도 보여준다.

7 今回の不手際、大変申し訳ございませんでした。

- 클레임에 관한 대화의 마지막에 다시 사과할 때의 표현.

会話を見直そう

「考えよう」에서 여러분이 중요하다고 지적한 것이 대화 예문에 반영되어 있습니까?
반영되어 있지 않다면 한 번 더 생각해 봅시다.
- 대화 예문에 각자가 지적한 것을 넣는 편이 좋다.
   ➡ 대화 예문에 가필 수정해 보자.
- 대화 예문에 각자가 지적한 것을 넣지 않아도 된다.
   ➡ 왜 넣지 않아도 되는지 이유를 명확하게 하자.

練習

練習Ⅰ 「苦情内容を伝える」「苦情を受けたときに詫びる」練習をしましょう。例のように、ビジネス場面に適切な会話文を作りましょう。

> 例　A　今回納品してもらった部品に、欠陥品がある。
> 　　　／欠陥品があるようだ。
> 　　B　すぐに対応させてもらう。
>
> ［会話］
> A：今回の納品していただいた部品の件ですが、欠陥品があるんですが…。
> 　　／欠陥品があるようなんですが…。
> B：さようでございますか。それは誠に申し訳ございません。
> 　　早急に対応させていただきます。

1. A　この前送ってもらった製品Xに説明書が入っていなかった。

   B　すぐに配送手配する。

   ［会話］
   A：＿＿＿＿＿＿＿＿＿＿＿＿＿＿＿＿＿＿＿＿＿＿＿んですが…。

   B：さようでございますか。それは誠に申し訳ございません。
   ＿＿＿＿＿＿＿＿＿＿＿＿＿＿＿＿＿＿＿＿＿＿＿＿＿＿＿

2. A　請求書の金額が見積もりと違っているようだ。

   B　至急確認して、折り返し連絡する。

[会話]

A：_____なんですが…。

B：さようでございますか。それは誠に申し訳ございません。

_____

3. A 今回送ってもらった部品の数が足りないようだ。

   B 出荷記録を至急確認して、折り返し連絡する。
     おおよその不足数がわかれば教えてもらいたい。

   [会話]

   A：_____なんですが…。

   B：さようでございますか。それは誠に申し訳ございません。

   _____

4. A 今回の納品は我が社が発注したものと違う製品Xが届いている。

   B 至急確認して、折り返し連絡する。念のため、注文した製品番号と誤送した
     製品番号を教えてもらえないか。

   [会話]

   A：_____んですが…。

   B：そうですか。それは誠に申し訳ございません。

   _____
   _____

第9課 苦情を言う・謝る

5. A 見積もりの件で、あなたの会社から連絡をもらうことになっていたが、連絡がない。どうなっているのか。

B 検討に時間がかかっている。

[会話]

A：＿＿＿＿＿＿＿＿＿＿＿＿＿＿＿＿＿＿＿んですが…。

どうなっているんでしょうか。

B：お待たせして申し訳ありません。

＿＿＿＿＿＿＿＿＿＿＿＿＿＿＿＿＿＿＿＿＿＿＿＿＿

6. ビジネス場面を想定して会話文を作りましょう。

(1) A：＿＿＿＿＿＿＿＿＿＿＿＿＿＿＿＿＿＿＿＿＿＿

B：＿＿＿＿＿＿＿＿＿＿＿＿＿＿＿＿＿＿＿＿＿＿

＿＿＿＿＿＿＿＿＿＿＿＿＿＿＿＿＿＿＿＿＿＿

(2) A：＿＿＿＿＿＿＿＿＿＿＿＿＿＿＿＿＿＿＿＿＿＿

B：＿＿＿＿＿＿＿＿＿＿＿＿＿＿＿＿＿＿＿＿＿＿

＿＿＿＿＿＿＿＿＿＿＿＿＿＿＿＿＿＿＿＿＿＿

練習Ⅱ 練習Ⅰの題材を使って、苦情と詫びの会話練習をしましょう。（第1課で決めた会社名や部署名を使いましょう。）

❶ 下記のスクリプトを使ってどのように言えばいいか考えましょう。
❷ 準備ができたら、ペアで練習してください。

[電話で]

A お待たせいたしました。❶＜名乗る＞＿＿＿＿＿＿＿＿＿＿＿＿＿＿＿＿＿＿＿。

B ❷＜姓＞さん、いつもお世話になっております。

　❸＜名乗る＞＿＿＿＿＿＿＿＿＿＿＿＿＿＿＿＿＿＿＿＿＿＿＿＿＿＿＿。

A こちらこそいつもお世話になっております。

B ❹＜クレームの内容を伝える＞＿＿＿＿＿＿＿＿＿＿＿＿＿＿＿＿＿＿＿。

A ❺＜詫びる＞＿＿＿＿＿＿＿＿＿＿＿＿＿＿＿＿＿＿＿＿＿＿＿＿＿＿。

　　　　　　　　　　　……

B 今後またこのようなことがあると当社としては困るんですが…。
　御社への信頼にもかかわることですから。

A ご迷惑をおかけすることになってしまい、本当にお詫びのしようもありません。
　今後、二度とこのようなことがないよう注意を徹底いたします。

B ええ、頼みますよ。では、よろしくお願いします。

A 今回の不手際、大変申し訳ございませんでした。
　失礼いたします。

練習Ⅲ 苦情に対応をした後、電話や対面で改めてお詫びをします。ここでは、「改めて詫びる」練習をしましょう。例を参考にして、ビジネス場面に適切な会話文を作りましょう。

> **例**
> A 納品した製品に不良品があったので、苦情があった。
> B 今回はなんとか対処できたが、次回からを気をつけてほしい。
>
> [会話]
> A：今回の納品の件ですが、こちらの不手際でご迷惑をおかけし、大変申し訳ありませんでした。
> B：今回はなんとか対処できましたが、次回からは気をつけてください。

1. A こちらの手違いで納品が遅れてしまい、苦情があった。

   B 今回はなんとか対処できたが、次回からを気をつけてほしい。

   [会話]

   A：＿＿＿＿＿＿＿＿＿＿＿＿＿＿＿＿＿＿＿＿＿＿＿＿＿＿＿＿＿＿＿
   ＿＿＿＿＿＿＿＿＿＿＿＿＿＿＿＿＿＿＿＿＿＿＿＿＿＿＿＿＿＿＿

   B：＿＿＿＿＿＿＿＿＿＿＿＿＿＿＿＿＿＿＿＿＿＿＿＿＿＿＿＿＿＿＿
   ＿＿＿＿＿＿＿＿＿＿＿＿＿＿＿＿＿＿＿＿＿＿＿＿＿＿＿＿＿＿＿

2. A この前送ってもらった製品Xに説明書が入っていなかったので、苦情があった。

   B 至急送ってもらったので、事なきを得た。しかし、今後はこのような初歩的なミスをしないように注意してほしい。

   [会話]

   A：＿＿＿＿＿＿＿＿＿＿＿＿＿＿＿＿＿＿＿＿＿＿＿＿＿＿＿＿＿＿＿

B：＿＿＿＿＿＿＿＿＿＿＿＿＿＿＿＿＿＿＿＿＿＿＿＿＿＿＿＿
　　＿＿＿＿＿＿＿＿＿＿＿＿＿＿＿＿＿＿＿＿＿＿＿＿＿＿＿＿

3. A　見積もりの作成を取引先に依頼され、連絡をすると約束していた。しかし、1週間も連絡をしなかったため、苦情があった。

　　B　結果的には善処してもらったので、無理は言えない。しかし、今後も取引をする上では、すぐに連絡をできないのなら、その旨伝えてほしい。

　　[会話]

　　A：＿＿＿＿＿＿＿＿＿＿＿＿＿＿＿＿＿＿＿＿＿＿＿＿＿＿＿＿
　　　＿＿＿＿＿＿＿＿＿＿＿＿＿＿＿＿＿＿＿＿＿＿＿＿＿＿＿＿

　　B：＿＿＿＿＿＿＿＿＿＿＿＿＿＿＿＿＿＿＿＿＿＿＿＿＿＿＿＿
　　　＿＿＿＿＿＿＿＿＿＿＿＿＿＿＿＿＿＿＿＿＿＿＿＿＿＿＿＿

4. ビジネス場面を想定して会話文を作りましょう。

　　(1)　A：＿＿＿＿＿＿＿＿＿＿＿＿＿＿＿＿＿＿＿＿＿＿＿＿＿
　　　　　＿＿＿＿＿＿＿＿＿＿＿＿＿＿＿＿＿＿＿＿＿＿＿＿＿

　　　　B：＿＿＿＿＿＿＿＿＿＿＿＿＿＿＿＿＿＿＿＿＿＿＿＿＿
　　　　　＿＿＿＿＿＿＿＿＿＿＿＿＿＿＿＿＿＿＿＿＿＿＿＿＿

　　(2)　A：＿＿＿＿＿＿＿＿＿＿＿＿＿＿＿＿＿＿＿＿＿＿＿＿＿

B：_____

練習Ⅳ 第9課で学習した表現を使って、下記の設定で苦情を言う側と詫びる側の会話をペアで練習しましょう。（第1課で決めた会社名や部署名を使いましょう。）

❶ 下記の設定でどのように言えばいいか考えましょう。

❷ 準備ができたら、ペアで練習してください。

A

今日は朝7時からクライアントの会社で大事な打ち合わせがありますが、私は1時間も遅れてしまいそうです。電話でアポイントを取ったとき、先方に「8時」と言われたのを「1時」と聞き間違えて、了解してしまったのです。私は、まさか打ち合わせが朝8時から始まるなんて、想像もしていませんでした。しかし、考えてみれば、先方は現在多忙を極めており、なかなか時間が取れないとおっしゃっていました。早朝に無理に時間をとってもらったのに、大失態です。それに、時間を聞き間違えるなんて、初歩的なミスです。クライアントは、こんなミスをする会社と仕事をするのは不安だと思っていることでしょう。

▶ 何よりも先ず、相手に謝って、事情を説明したいと思います。そして、今後はこのようなことはしないと約束したいと思います。

B

今日は朝7時から私の会社で大事な打ち合わせがある予定でしたが、取引先が現れません。電話をしてみると、先方は「8時」を「1時」と聞き間違えていたそうです。結局、先方は1時間後の9時ごろに到着しそうです。私は今繁忙期です。そんな中、先方に懇願されて、無理に早朝に時間をとったのにと思うと、とても腹が立ちます。また、時間を間違えるという初歩的なミスをするような会社と仕事をするのは不安です。

▶ 相手は丁重にお詫びしてくるでしょうが、先方の態度によっては、今後の取引を見直そうかと思っています。

> コラム

日本企業に挑戦 ③ −面接−

　筆記試験に合格すると面接を受ける。面接は複数回実施される。面接ではどのような質問をされるのだろうか。

　　　質問の例
　1. なぜ当社を志望したのか。
　2. あなたは当社で何をしたいか。
　3. あなたは当社で何ができるか。
　4. あなたの長所と短所は何か。
　5. 自己紹介をしてください。
　6. 趣味は何か。
　7. これだけは他の人に負けないということは何か。
　8. 今までした最大の失敗や間違いは何か。
　9. 当社以外にどの会社に応募したのか。
　10. 最後に何か質問があるか。

　エントリーシートと同様に面接でも会社への貢献に関連付けて考えて答えることが期待される。例えば、「今までした最大の失敗や間違いは何か」という質問では「失敗経験」だけではなく、「どのように処理したのか」、さらに「失敗経験から何を得たのか」までを話すことが期待されている。そこから、学生の入社後の問題解決への姿勢を予

測するのだ。面接に関する書籍などは数多く出版されている。それらの本を読んだり、インターネットで調べたり、日系企業に挑戦したことのある先輩や友人にインタビューするなどして、事前にしっかり対策を立てて準備しよう。

　面接など短時間で自分を知ってもらうためには、第一印象も重要である。面接試験の第一関門は、「礼儀正しい」、「はつらつとしている」、「さわやか」といった好印象を面接官に与えることだと言われている。さらに、第一印象は、外見の印象が55%も占めると言われており、侮れない。服装や面接時の行動には基本的なマナーがある。面接に臨む前に一通りできるようになっておこう。

● 基本的な服装

男性も女性も髪やひげ、服は清潔さを保ちましょう。
女性で髪が長い場合には、束ねてまとめましょう。

- 男性

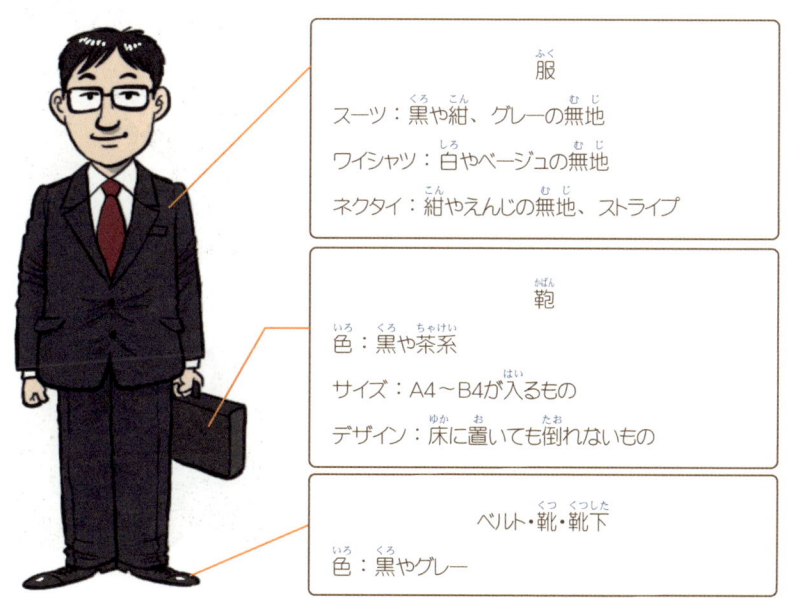

服
スーツ：黒や紺、グレーの無地
ワイシャツ：白やベージュの無地
ネクタイ：紺やえんじの無地、ストライプ

鞄
色：黒や茶系
サイズ：A4〜B4が入るもの
デザイン：床に置いても倒れないもの

ベルト・靴・靴下
色：黒やグレー

- 女性

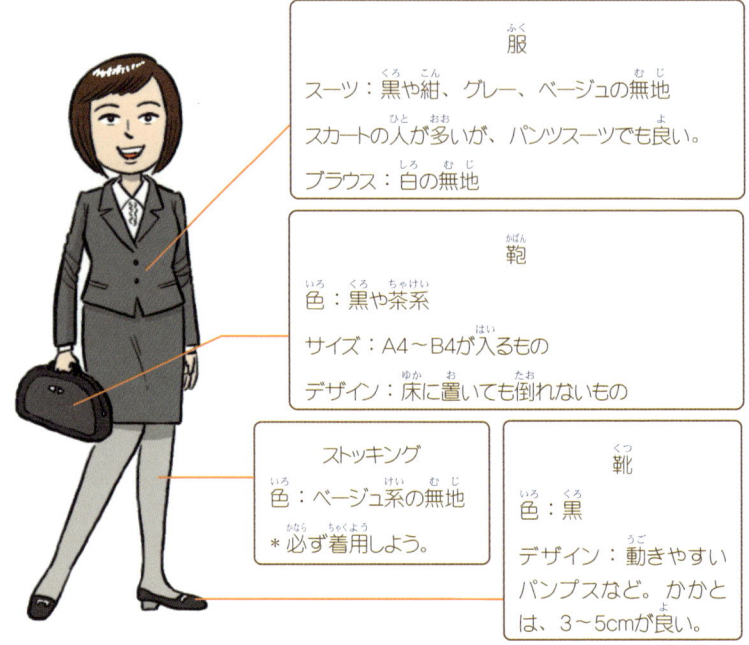

服
スーツ：黒や紺、グレー、ベージュの無地
スカートの人が多いが、パンツスーツでも良い。
ブラウス：白の無地

鞄
色：黒や茶系
サイズ：A4〜B4が入るもの
デザイン：床に置いても倒れないもの

ストッキング
色：ベージュ系の無地
＊必ず着用しよう。

靴
色：黒
デザイン：動きやすいパンプスなど。かかとは、3〜5cmが良い。

◉ 入室の仕方

❶ ノックと挨拶

ドアを軽くノックする。「どうぞ」という声がかかってからドアを開ける。「失礼します」と言ってから、中へ入る。

❷ ドアの開け閉め

ドアをゆっくり開けて入室する。面接官に背を向けないようやや斜めに立ち、静かに閉める。

❸ 挨拶と一礼

面接官の方へ体を向け、「よろしくお願いいたします」と一礼し、椅子の横まで進む。この間も緊張しているだろうが、平常心を心がけよう。

❹ 椅子の横で自己紹介

はきはきと学校、学部、氏名を名乗ってから、再度一礼する。椅子の横にスペースがない場合には、椅子の前に立つ。

❺ 一礼して着席

面接官に「どうぞ」と言われたら、「失礼します」と返事をして着席する。背もたれには寄りかからず、背筋を伸ばして座る。

● 退室の仕方

❶ 面接の終了

「ご苦労さまでした」と面接官が終了の声をかけたら、「ありがとうございました」と座ったまま軽く会釈する。

❷ お礼と一礼

立ち上がって再度、面接官に「どうもありがとうございました。どうぞよろしくお願いいたします。」と一礼し、ドアまで戻る。

❸ ドアの前で一礼

ドアまで戻ったら、そこで立ち止まり、もう一度面接官の方を見て「失礼いたします」と笑顔で一礼する。

❹ ドアの開け閉め

ドアを開けて退室する。このとき面接官の方を見て最後のアイコンタクトを取る。ドアを静かに閉めて終了。

調べてみよう・話し合ってみよう

1. あなたの先輩や友人に、就職活動で日本企業に挑戦した人はいますか。
その人に①「面接はどのような雰囲気だったか」、②「何を質問され、どのように答えたか」、③「成功の秘訣は何か」、④「注意すべき点は何か」を聞いてみよう。そのような人がいない場合には、インターネットで経験者の体験談を調べ、リストアップしよう。

2. 韓国での面接時のマナーについて調べよう。

第10課　意見を言う・提案する

●●● **目標**
- 丁寧に意見を言うことができる。
- 丁寧に提案することができる。

●●● **考えよう**
- 意見を言ったり、提案をするときに話し方や態度で気をつけなければならないことは何だろう。それはなぜか。

会話

　ソウル電気の洪さんは、北海道物産のホームページの作成を手がけることになりました。今日は、担当者の高木さんと初めての打ち合わせです。洪さんとデザイナーの宋さんは様々なアイディアを準備しています。これらのアイディアをどのように高木さんに提案していけばいいでしょうか。

[ホームページ作成の打ち合わせ]

洪　　初めてお目にかかります。

　　　この旅、御社のホームページ作成の責任者を務めさせていただきます洪でございます。よろしくお願いいたします。こちらはデザインを担当させていただきます宋でございます。

宋　　宋でございます。よろしくお願いいたします。

高木　高木でございます。こちらこそよろしくお願いいたします。

洪　　では、早速、ホームページの基本的な色についてですが、

　　　何かご希望の色はおありでしょうか。

　　　御社のイメージカラーですとか。

高木　いえ、特には…。あまりイメージが湧かないんですが…。

洪　さようでございますか。

　　では、宋からいくつかご提案させていただきますので、ご検討くださいませんか。

高木　ええ、そうしていただけると助かります。

宋　最初に、黄色です。ユーザーには明るい印象を与えるかと存じます。

　　次に、ピンクです。優しい印象を与えるかと存じます。

　　最後に、緑です。爽やかな印象を与えるかと存じます。

高木　そうですね…。ピンクはちょっと…。

　　弊社のイメージには、優しさよりも明るさや爽やかさの方が合っているんじゃないでしょうか。

宋　そうですね。私も高木さんのおっしゃるとおりだと思います。

　　それでは、緑はいかがでしょうか。

　　緑は縁起がよろしいかと存じますが。

高木　と、おっしゃいますのは？

宋　ええ、緑は竹の色ですから、御社の竹林の如き成長や発展という

願いも込めることができるかと存じます。

高木　なるほど。それは未来志向でいいですね。

ソン
宋　　黄色は金運を招くといいますから、黄色もよろしいかと存じますが。

高木　うーん、金運も明るさも大事ですし、弱りましたね。

洪　　それでは、よろしければ、一度黄色と緑をベースにしてお作りしてみましょうか。

　　　その上で改めてご検討いただければと存じますが。

高木　お願いできますか。そうしていただけると助かります。

洪　　では、次に、コンテンツについてですが。

新しいことば

物産	물산	明るい	밝다, 밝은
ホームページ	홈페이지	ピンク	분홍색, 핑크
作成(する)	작성(하다)	優しい(名詞：優しさ)	부드럽다, 온순하다
手がける	손수(직접) 다루다, 직접 하다	爽やかな(名詞：爽やかさ)	상쾌한, 산뜻한, 명쾌한
デザイナー	디자이너	縁起	운수, 재수
様々な	여러 가지(의), 다양한	竹	대(나무)

アイディア	아이디어	竹林 ちくりん	대나무숲, 죽림
提案する ていあん	제안하다	～の如く ごと	～와 같이
お目にかかる め	(만나)뵙다	成長 せいちょう	성장
この度 たび	이번에	発展 はってん	발전
責任 せきにん	책임	願いを込める ねが こ	바라는 것을 담다(넣다)
務める つと	임무를 맡다, 역할을 하다	未来志向 みらいしこう	미래지향
基本的な きほんてき	기본적인	金運 きんうん	금전운
イメージカラー	이미지컬러	招く まね	부르다, 초대하다
湧く わ	솟아나다, 나타나다	～をベースにする	～를 베이스로 하다
ユーザー	사용자, 유저		

■ 表現

1 この度、御社のホームページ作成の責任者を務めさせていただきます洪でございます。よろしくお願いいたします。こちらはデザインを担当させていただきます宋でございます。

> (お・ご) 動詞・使役形 (さ)せていただきます 姓 でございます。
>
> 特別な形の動詞 させていただきます 姓 でございます。

- 자기소개, 다른 사람 소개의 표현. 거래처에 관한 일의 내용에서 구체적으로 역할이 정해져 있는 경우에는, 이와 같이 일 내용의 설명과 이름 소개를 동시에 할 수가 있다.

- 여기서 「~(さ)せていただきます」는 제5과 표현1의 「②실제로는 상대나 다른 이에게 허가를 받아 행한 것이 아니지만, 그 자리의 사람들이나 관계자에게 공손한 태도를 보이는 의미를 가진다.」에 해당한다.

- 다음의 두 가지 말하는 방법도 있다.
  「(お・ご)[動詞・使役形](さ)せていただく[姓]でございます。」
  例 責任者を務めさせていただく洪でございます。
  「(お・ご)[動詞・ます形]ます[姓]です」
  例 責任者を務めます洪でございます。

  ポイント！
  제1과와 제2과에서는 자기소개와 타자소개의 표현으로서, 「[회사명]の[성]です」를 학습했다. 위의 예문도 이 표현을 써서 나타낼 수가 있다. 위의 예문은 다음과 같이 된다.
  그러나 이 둘은 뉘앙스가 다르다. 「[회사명]の[성]です」는 단순히 사실만을 정중하게 전하는 기능이 있다. 「~(さ)せていただきます[성]でございます。」는 사실을 전달함에 덧붙여, 격식을 갖추거나 공손함을 보여주는 기능이 있어서, 상대를 향한 존경의 정도가 높아진다.

2　ホームページの基本的な色についてですが、
何かご希望の色はおありでしょうか。

| 何かご希望の | 名詞 | はおありでしょうか/おありですか。|

- 상대에게 희망사항의 유무를 묻는 표현.
- 「おありです」는 「あります」의 존경어.

3 宋からいくつかご提案させていただきますので、ご検討くださいませんか。

- 자기가 준비해 온 방안을 제시하는 표현.
- 여기서의「~(さ)せていただきます」는 제5과 표현1의「②실제로는 상대나 타자에게 허가를 받아 행한 것이 아니지만, 그 자리의 사람들이나 관계자에게 공손한 태도를 보이는 기능을 나타낸다」에 해당하고, 더욱이「제안합니다」라는 의지도 보여주고 있다.
- 「ご検討くださいませんか」는「ご検討いただけませんか」라 해도 틀리지 않는다. 그러나 대화 예문처럼 전자에서 화자의 행위에「いただく」를 사용하는 경우에는, 후자에서는 중복을 피해서「ください」를 사용하면 의미가 보다 명확해진다.

4 最初に、黄色です。ユーザーには明るい印象を与えるかと存じます。

次に、ピンクです。優しい印象を与えるかと存じます。最後に、緑です。

爽やかな印象を与えるかと存じます

> 動詞/名詞/形容詞・普通体 かと存じます。

- 「~かと思います。」의 겸양 표현. 의문사「か」를 사용함으로써 다른 선택지가 있다는 것을 보여줄 수 있어, 부드러운 표현이 된다.

> 最初に、次に、最後に、

- 제안의 순서를 보여주는 표현. 많은 정보를 전하는 경우에 쓰면 듣는 사람은 알기 쉬워진다.「まず、次に、最後に」라 해도 된다.
- 프레젠테이션이나 효과를 어필하는 경우, 문제점을 지적하는 경우에는「1点目は、2点目は、3点目は、」「ひとつめは、ふたつめは、みっつめは、」「第一に、第二に、第三に、」등의 표현을 쓴다. 이러한 표현에 의해 듣는 사람은 정보를 정리해가며 들을 수 있어서, 이해하기 쉬워진다.

> **ポイント！**
> 「最初にまず、」,「まず最初に、」는 의미가 중복되기 때문에 잘못된 표현이다.

5 弊社のイメージには、優しさよりも明るさや爽やかさの方が
合っているんじゃないでしょうか。

> 名詞 の方が 動詞・て形 ているん/のじゃないでしょうか。

- 복수의 선택지 중에서 골라 자기의 의견을 말할 때의 표현.
「~んじゃないでしょうか。」의 「~」의 부분에서 선택의 이유를 말한다.
더욱 정중하게 말하고 싶을 때는 「~のではないでしょうか」로 한다.

> **ポイント！**
> ① a[名詞]の方が b[動詞・普通形]んじゃないでしょうか。
> ② a[名詞]の方が b[動詞・普通形]ているんじゃないでしょうか。
> a :「형용사」와「동사」와「명사」를 쓸 수가 있다.
> b : ①은「형용사」와「동사」, ②는「동사」를 쓸 수 있다.
>
> | | a | b |
> |---|---|---|
> | 名詞 | 会議の方が | ―― |
> | 動詞 | 報告する方が | 報告する/しているんじゃないでしょうか |
> | い形容詞 | 難しい方が | 難しいんじゃないでしょうか。 |
> | な形容詞 | 簡単な方が | 簡単なんじゃないでしょうか。 |

もう一歩！

a 「～方」の 뒤의 조사는 술부가 취하는 조사에 따르는 것에 주의하자.

例　Xの方が消費者は好きなんじゃないでしょうか。
　　Yの方に消費者の目がいくんじゃないでしょうか。
　　Zの方を消費者は受け入れるんじゃないでしょうか。

6　そうですね。私も高木さんのおっしゃるとおりだと思います。

- 상대의 의견에 동의하는 표현. 상대를 존중하는 태도를 보여줄 수 있다.

7　黄色は金運を招くといいますから、黄色もよろしいかと存じますが。

> ～もよろしいかと存じますが。

- 다른 선택지를 제안할 때의 표현이다.
「～もよろしいんじゃないでしょうか。」라고 말해도 된다.

8　よろしければ、一度黄色と緑をベースにして お作りしてみましょうか。

> よろしければ、(お・ご) 動詞・て形 てみましょうか。

第10課 意見を言う・提案する

- 앞으로 자기가 할 것을 제안하는 표현.

  「(お・ご)[動詞・ます形]ましょうか」를 쓸 수도 있다.

  例 (私が)確認しましょうか。

  　　(私が)案を練ってみましょうか。

  > **ポイント！**
  >
  > 제안의 기능을 가진 「〜ましょうか」와 「〜てみましょうか」의 차이는 「〜てみる」에 있다. 「〜てみる」는 「시험하다(試す)」는 의미가 있기 때문에 「〜てみましょうか」로 제안하면 「그것이 최선인지 아닌지 모른다」는 전제에서의 제안임을 나타낸다. 그 때문에 제안으로서는 조금 소극적인 인상을 준다.

9　その上で改めてご検討いただければと存じますが。

- 다음 협의까지 새로운 안을 준비해서 다시 검토 받을 필요가 있을 때에 사용하는 표현이다.

 会話を見直そう

「考えよう」에서 여러분이 중요하다고 지적한 것이 대화 예문에 반영되어 있습니까?
반영되어 있지 않다면 한 번 더 생각해 봅시다.

- 대화 예문에 각자가 지적한 것을 넣는 편이 좋다.
  - ➔ 대화 예문에 가필 수정해 보자.
- 대화 예문에 각자가 지적한 것을 넣지 않아도 된다.
  - ➔ 왜 넣지 않아도 되는지 이유를 명확하게 하자.

■ 練習

練習Ⅰ 会話例をグループで練習しましょう。

練習Ⅱ 「～(さ)せていただきます[姓]」を使って、例のようにビジネス場面に適切な会話文にしましょう。

> 例 自己紹介：鈴木隆
> 取引先に対する役割：今月から担当することになった。
> → 今月から御社を担当させていただきます鈴木でございます。

1. 自己紹介：金永熙
   取引先に対する役割：今回の共同プロジェクトに新しく参加することになった。
   _____

2. 他者紹介：金永熙
   取引先に対する役割：金永熙さんは今回の企画の責任者になった。
   _____

3. 他者紹介：斉藤美佳
   取引先に対する役割：
   今月から東京商事の担当者になった。私(田中)の後任である。
   _____

4. ビジネス場面で他者を紹介する場面を想定して、紹介文を作りましょう。

_____

_____

_____

練習Ⅲ 「～かと存じます。」を使って、例のようにビジネス場面に適切な会話文にしましょう。

> 例 多少時間をもらうことになるだろう。
> → 多少お時間をいただくことになるかと存じます。

1. これ以上価格を抑えるのは難しいだろう。

→ _____

2. 会議は延期した方がいいだろう。

→ _____

3. 早く打ち合わせをした方がいいだろう。

→ _____

4. 日本支社設立は再来年になるだろう。

→ _____

5. 次回は完成度の高いものを見せられるだろう。

   → _____

6. (あなたは)早く確認した方がいいだろう。

   → _____

7. (あなたは)できるだけ具体的に戦略を立てた方がいいだろう。

   → _____

8. (あなたは)食べられるときに食べておいた方がいいだろう。

   → _____

9. 今のうちに少しでも寝ておいた方がいいだろう。

   → _____

10. 「〜かと存じます」を使うビジネス場面を想定して文を作りましょう。

    → _____

    → _____

    → _____

練習Ⅳ 「～方が/を/に～んじゃないでしょうか。」を使って、例のようにビジネス場面に適切な会話文にしましょう。

> **例** 緑・企業イメージに合っている
> → 緑の方が企業イメージに合っているんじゃないでしょうか。

1. 新聞広告・より多くの消費者の目に触れる

   → _____

2. コンパクト・消費者の受けがいい

   → _____

3. 環境に優しい・重要だ

   → _____

4. あざやか・消費者の関心を引く

   → _____

5. 品質・消費者は重視している

   → _____

6. 雇用の安定・企業の責任がある

   → _____

7. ブランドイメージ・先方は関心を持っている

   → _____

8. 対応の遅れ・客は問題視している

   → _____

9. 市場拡大・先方は関心がある

   → _____

10. 「～方が～んじゃないでしょうか。」を使うビジネス場面を想定して会話文を作りましょう。

    → _____

    → _____

    → _____

練習Ⅴ 「よろしければ、～ましょうか。」を使って、例のようにビジネス場面に適切な会話文にしましょう。会話がどのような状況で行われているかによって、Bは様々な解答の仕方が可能である。状況設定をよく考えてから解答しよう。

> 例 [伝えたいこと]
> A 他の素材がないか探してみる
> B お願いする
> 　　A：よろしければ、他の素材がないか探してみましょうか。
> 　　B：お願いできますか。そうしていただけると助かります。
>
> B 断る
> 　　B：そうですね…。せっかくですが…。
> 　　／お心づかいはありがたいんですが…。

1. [伝えたいこと]

| A 関連資料を探してみる |
| B お願いする |

A：＿＿＿＿＿＿＿＿＿＿＿＿＿＿＿＿＿＿＿＿＿＿＿＿＿＿＿＿＿＿＿＿

B：＿＿＿＿＿＿＿＿＿＿＿＿＿＿＿＿＿＿＿＿＿＿＿＿＿＿＿＿＿＿＿＿

2. [伝えたいこと]

| A 市場調査をする |
| B 断る |

A：＿＿＿＿＿＿＿＿＿＿＿＿＿＿＿＿＿＿＿＿＿＿＿＿＿＿＿＿＿＿＿＿

B：＿＿＿＿＿＿＿＿＿＿＿＿＿＿＿＿＿＿＿＿＿＿＿＿＿＿＿＿＿＿＿＿

3. [伝えたいこと]

> A 相手の会社へ行って、デモンストレーションをする
> B お願いする

A：＿＿＿＿＿＿＿＿＿＿＿＿＿＿＿＿＿＿＿＿＿＿＿＿＿＿＿＿＿＿＿＿＿

B：＿＿＿＿＿＿＿＿＿＿＿＿＿＿＿＿＿＿＿＿＿＿＿＿＿＿＿＿＿＿＿＿＿

4. [伝えたいこと]

> A 私の会社の他の製品を紹介する
> B 断る

A：＿＿＿＿＿＿＿＿＿＿＿＿＿＿＿＿＿＿＿＿＿＿＿＿＿＿＿＿＿＿＿＿＿

B：＿＿＿＿＿＿＿＿＿＿＿＿＿＿＿＿＿＿＿＿＿＿＿＿＿＿＿＿＿＿＿＿＿

5. [伝えたいこと]

> A 見積もりを出す
> B お願いする

A：＿＿＿＿＿＿＿＿＿＿＿＿＿＿＿＿＿＿＿＿＿＿＿＿＿＿＿＿＿＿＿＿＿

B：＿＿＿＿＿＿＿＿＿＿＿＿＿＿＿＿＿＿＿＿＿＿＿＿＿＿＿＿＿＿＿＿＿

6. 「よろしければ、〜ましょうか。」を使うビジネス場面を想定して会話文を作りましょう。

[伝えたいこと]

> A
> B

A：＿＿＿＿＿＿＿＿＿＿＿＿＿＿＿＿＿＿＿＿＿＿＿＿＿＿＿＿＿＿＿＿＿

B：＿＿＿＿＿＿＿＿＿＿＿＿＿＿＿＿＿＿＿＿＿＿＿＿＿＿＿＿＿＿＿＿＿

第10課 意見を言う・提案する

[伝えたいこと]

| A |
| B |

A: _____
B: _____

[伝えたいこと]

| A |
| B |

A: _____
B: _____

練習Ⅵ 第9課で学習した表現を使って、下記の設定で携帯電話の新モデルの営業をする側と客側の会話をペアで練習しましょう。(第1課で決めた会社名や部署名を使いましょう。)

❶ 下記の設定でどのように言えばいいか考えましょう。

❷ 準備ができたら、ペアで練習してください。

A

私は韓国A社の社員(朴・部長)です。我が社で新モデルの携帯電話を開発しました。そこで、取引先のB社に説明に行きました。B社の担当者を説得して、ぜひとも新モデルの契約を取りたいと思っています。

▶新モデルの特徴を考え、B社の担当者を説得してください。

特徴：

- _____

- _____

- _____

B

私は日本B社の社員（永井・部長）です。取引先の韓国A社が携帯の新モデルを開発したので、今日説明に来ます。A社の新モデルがどのような特徴を持っているか冷静に判断して、契約するかどうか決めようと考えています。

▶ あなたが期待する新モデルの特徴を考えてください。
▶ A社の新モデルが良いと思ったら、申し出を受け入れてください。良くないと思ったら、申し出を断ってください。

特徴：

- _____

- _____

- _____

時間に関する丁寧な表現

普通の表現	丁寧な表現	普通の表現	丁寧な表現
今日（きょう）	本日（ほんじつ）	今（いま） 今すぐ/今すぐに（いますぐ/いますぐに）	ただ今（いま）
昨日（きのう）	昨日（さくじつ）	さっき	先ほど（さき）
明日（あした）	明日（あす）	後で（あと）	後ほど（のち）
一昨日（おととい）	一昨日（いっさくじつ）	前に（まえ）	以前に（いぜん）
この間（あいだ） この前（まえ）	先日（せんじつ）	前もって（まえ）	予め（あらかじ）
明後日（あさって）	明後日（みょうごにち）	その日（ひ）	当日（とうじつ）
今年（ことし）	本年（ほんねん）	その日のうちに（ひ）	即日（そくじつ）
去年（きょねん）	昨年（さくねん）	すぐ	即（そく）， 至急（しきゅう） 早速（さっそく） 即座に（そくざ） 直ちに（ただ） 早急に（さっきゅう/そうきゅう） 〜次第（しだい）
一昨年（おととし）	一昨年（いっさくねん）		
一ヶ月（いっかげつ）	一月（ひとつき）		

コラム

雇用形態の変化

　終身雇用制(the lifetime employment system)、年功序列型賃金体系(the seniority wage system)は、企業別労働組合(the enterprise labor union)とともに日本型雇用制度の典型的システムであると言われてきた。もともと熟練工を長期雇用するための雇用制度に起源を持つが、1970年代の二度にわたるオイルショックへの対応における経済効率性が注目され、定着していった。しかし、1990年代以後、日本の雇用形態は大きな変化を見せる。1991年以後のバブルの崩壊以降の長期不況は労働市場の再編成を招来した。そのため、日本の雇用形態は大きく動揺し、パートタイム、契約社員、派遣社員など、多様な雇用形態が生じることとなった。

　中でも現在、日本の労働現場で爆発的にその数が増加しているのが派遣労働者である。派遣労働者は派遣会社(派遣元)を通して各企業に出向するが、その際、派遣労働者は自らが直接働いている企業(派遣先)とは直接的な雇用関係はなく、雇用会社と派遣労働者の雇用関係のみが成立する。派遣先企業側からみれば、労働者を必要な時にのみ、必要な分だけ、確保することができ、必要でなくなれば派遣元との契約関係を破棄することが容易であるというメリットがある。このような雇用形態は1986年に労働者派遣法が制定される以前は「間接雇用」として職業安定法により禁止されていたが、2003年に製造業への派遣も自由化されることによりその規模は増加の一途をたどっている。2005年派遣市場の規模は4兆円を突破しており、派遣労働者の数も300万名を超えるなど、現在、日本の雇用市場の中心にあるといえる。しか

し、派遣労働者は派遣先の企業に対し給与・待遇などの労働条件に対する権利がなく、時給計算の給料や3〜6ヶ月程度の期間雇用が一般的であるため、非常に不安定な立場である。また、労働基準法に定める同一労働同一賃金の原則に反しており、ワーキングプアや貧困の固定化などの一因となっているとの指摘もある。

　こうした派遣労働者より自由ではあるが不安定な雇用形態を指す言葉として「フリーター」がある。フリーターは15歳以上35歳未満の学生をのぞき、勤め先で「パート、アルバイト」として働いている人びと、あるいは働く意思のある無職者のことをいう。フリーターが働こうとする意欲を持っているとすれば、働こうとする考えや意思がない人びとを示す表現としてニートがある。ニート(NEET)は'Not currently engaged in Employment, Education or Training'の略語で15歳以上35歳未満であり、通学・家事をしていない人びと(若年無業者)のことをいう。その数は2005年現在約85万名となっている。

　その他、学校卒業後にも父母と同居し、基礎的生活条件を父母に依存する未婚者を指す言葉としてパラサイト・シングル(parasite　single)がある。この言葉は東京学芸大学の教授であった山田昌弘が『パラサイト・シングルの時代』(1999年、現在、中央大学教授)という本で初めて使用した造語である。parasiteは寄生虫、singleは独身のことであり、父母に寄生し生活するという若者たちを攻撃する意味で使われ、「パラサイトする」という動詞の形で使用されることもある。

調べてみよう・話し合ってみよう

1. 日本の労働現場で派遣労働者が急激に増加した理由を調査し、日本の経済活動における派遣労働者の位置と役割について調べてみよう。

2. フリーターとニートの違いは何であるのかについて調べてみよう。

3. 韓国の雇用形態について、調査してみよう。

> コラム

食文化とマナー

　韓国の食文化と日本の食文化は、食べ物の種類から食べ方や座り方まで、全く異なる。例えば、配膳の仕方をみると、韓国の食膳は一品一品を家族で一緒に食べるため、量も多くておかずの品数も多い。一品一品をひとりひとりに取り分ける必要がなく、取り皿も必要ない。チゲのような料理も大きい鍋に準備して、各自が箸やスプーンで直接食べる。このような韓国の食文化に日本人が接した時、驚くことが多い。プラスの評価は、菜食中心のおかずが多様でふんだんであることだ。日本の食膳は概して、海苔と魚、納豆(豆を蒸して醗酵させたもの)、たくあん、サラダなどで、おかずの品数があまり多くない上に少量である。また外国の食文化の影響によるおかずの多様化、そして簡単に食べることができる食材料が多い。マイナスの評価には、大きな食卓を取り囲んで座り、頭を食卓に近づけて食べる光景がある。これは日本では動物がご飯を食べる姿のようにみえるため、悪い食習慣だと受け取られる。逆に、韓国の立場からみれば、日本人が食器を持ってご飯を食べたり、味噌汁を飲むときに椀を持って具と一緒に飲み込だりする姿に驚く。一方、日本では、料理は一人一人に配膳される。また、伝統的な食卓は低く、正座をしなければならないため、食器を持たなければならない。もし食器を持たずに韓国人のように頭を食卓に近づけて食べたら、バランスが取れずに倒れてしまうだろう。

[マナー]

1. 正式な場で畳の上に座るときは、正座をする。正座をすれば頭から背筋にかけて背骨

とお尻が垂直になり、安定した姿勢を維持することができる。

2. 目上の人に楽に座るように勧められたら、男性はあぐらをかき、女性は足を横にずらして座ると良い。

3. 食前は「いただきます」、食後は「ごちそうさまでした」と必ず言う。

4. 日本では味噌汁を食べるときにスプーンは使わない。

5. 箸は手前に横に並べる。

6. 椀は左手で持って食べる。

7. ご飯やお吸物の椀にふたがある場合、目上の人がふたを開けるまで待つ。

[箸を使うときの注意点]

1. 二人で箸と箸で料理を渡さない(火葬場で遺骨を拾う儀式に似ているため、縁起が悪いとされる)。[箸うつし]

2. 箸を使って器を引き寄せない。[寄せ箸]

3. 料理を箸で刺さない。[刺し箸]

4. 器の上に箸を置かない。[渡し箸]

5. 料理を下の方から取り出して食べない。[さぐり箸]

6. 醤油や汁を箸の先からぽたぽたと落としながら動かさない。[涙箸]

7. どの料理を食べようかと料理の上を箸でうろうろ動かさない[迷い箸]

8. 口に入れた料理を箸で押し込まない。[込み箸]

コラム

結婚式・披露宴

　日本と韓国の結婚式や披露宴の仕方を比べてみよう。日本も韓国も、お祝いに来てくれる人を予想して、新郎新婦や両親の人間関係を中心に、親戚、友人、会社の上司や同僚など、付き合いのある人に招待状を送る。

　韓国の場合は、新郎新婦当人の結婚というよりは両親がこんなに立派に育て上げ、結婚までさせたことを親戚、友人、仕事関係者などに報告し、祝福してもらうという位置づけである。また、招待状をもらっても出欠の意思を明確にしなくてもいい。さらに、招待状を受け取っていない人も結婚式に参加することができる。

　他方、日本の場合は、招待状を受け取った人だけがお祝いに参加する。予め参加できるかどうか電話やはがきで確認される。遠方に住む親戚や友達を招待する場合は、交通費はできるだけ招待した側が負担することが多い(全額、半額、一部のみと事情によって異る)。まず、結婚式が約30分～1時間行われる。その後、披露宴が約2時間にわたって開かれる。結婚式は、家族や新郎新婦の趣向や信仰によってキリスト教式、仏式、神前式、人前式などの形式が取られる。披露宴では、招待客の中で特に新郎新婦の上司や親しい友人がスピーチで会社での仕事ぶりや人柄、思い出話などをしたり、ゲームをしたり、歌を歌ったりして祝う。

　話は戻るが、日本人に結婚式や披露宴に招待されなくても、残念に思う必要はない。結婚式と披露宴を開くための費用が高く、また招待客が渡さなければならないご祝儀も高くて互いに負担になることがある。招待したくてもできない事情もあるの

だ。最近は結婚式をしないカップルも多い。無条件に結婚式をしなければならない韓国とは事情が異るのだ。

[マナー]

1. 結婚式に招待されたとき

出席する場合：結婚披露宴の招待状が届いたらできるだけ早く参加の可否を知らせる。同封されている返信用はがきを使う。はがきの裏(文面)に書かれている＜御欠席＞を二重線を引いて消す。＜御出席＞の「御」の部分も二重線を引いて消す(自分に対して尊敬を使うことになるため)。　住所、名前を書き、余白に「ご結婚おめでとうございます」や「喜んで出席させていただきます」などお祝いのメッセージを書き添える。はがきの表(宛名面)の相手の名前の最後に、「行」や「宛」と書いてある場合は、それを二重線で消して「様」に書き換える。

欠席する場合：お祝いのことばと一緒に「残念ながら、都合により欠席させていただきます」とお詫びのことばを添える。

2. ご祝儀・贈り物

ご祝儀は受付で渡す。ご祝儀は奇数の1,3,5,7万円を新札で準備する。夫婦で参加する場合には二人で5万円か7万円を出すと良い。友達の場合には年齢や学生か社会人かによって違うが、2万円か3万円が平均的である。ご祝儀は、市販されているご祝儀袋に入れて渡す。贈り物は、小さなものや花ならば当日受付で渡す。大きなもの

であれば、自宅へ送ると良い。

3. 服装

服装は基本的には正装(礼服・略礼服)である。男性は、黒や暗い色のスーツに白いワイシャツを着て、白いネクタイをする。女性は、ワンピースやスーツなど白以外の服を着る。招待状に「平服でお越しください」と書かれていても、普段着で出席しないこと。平服とは礼服や略礼服ではなスーツなどの服装のことだからである。

付録

解答…解説

第1課

ポイント・敬語

分析しよう！

　会話例の自己紹介では、自分の名前を伝えるために「～と申します」、今後の関係作りのための挨拶として「お願いいたします」という表現が使われています。いずれも自分のことを伝えるものであるため、謙譲語が使われています。

　대화 예문의 자기소개에서는 자신의 이름을 전하기 위해서「～と申します」, 앞으로의 관계 만들기를 위한 인사로는「お願いいたします」라는 표현이 사용되고 있습니다. 둘 다 자신에 관련되어 있기 때문에 겸양어가 사용되고 있습니다.

分析しよう！

　❶ 訓読みの和語か音読みの漢語かによって、「お～」と「ご～」のどちらを取るかが決まる。原則的に「お＋和語）」「ご＋漢語」となる。「待つ」は訓読みの和語であるため、「お＋待ち＋します/いたします」となる。「報告」は音読みの漢語であるため、「ご＋報告＋します/いたします」になる。

　훈독의 고유어인지, 음독의 한자어인지에 따라,「お～」와「ご～」중에 어느 것을 취할 것인지가 정해집니다. 원칙적으로「お＋和語」「ご＋漢語」가 됩니다.「待つ」는 훈독의 고유어기 때문에,「お＋待ち＋します/いたします」가 됩니다.「報告」는 음독의 한자어이기 때문에「ご＋報

告＋します/いたします」가 됩니다.

❷ 「します」と「いたす」の元の形は「する」。「します」は「する」の「ます形」である。つまり、「丁寧語」である。一方、「いたす」は「する」の「謙譲語」である。つまり、「ます形」の「します」よりも、「謙譲語」である「いたす」の方がより相手への敬意が高くなる。

「します」와 「いたす」 원래 형태는 「する」. 「します」는 「する」의 「ます형」이다. 즉 「정중어」이다. 그리고 「いたす」는 「する」의 「겸양어」이다. 즉 「ます형」인 「します」보다도 「겸양어」인 「いたす」가 상대에게 표하는 경의가 더 높아진다.

練習

練習Ⅲ
1. 資料を拝見します/いたします。
2. 佐藤さまからお土産をいただきました。
3. 明日6時にお目にかかります。
4. 後日、ご連絡します/いたします。
5. 来月15日に参ります/伺います/お伺いします/お伺いいたします。

練習Ⅳ
1. ❶プレゼンの準備をしなければならない

   ❷お手伝いします/いたします。

2. ❶傘を持っていない

   ❷お貸しします/いたします。

3. ❶昨日の取引先の様子を知りたい

   ❷ただ今ご報告します/いたします。

4. ❶ コピーが一枚足りない

❷ コピーをして参ります。

5. ❶ 昨年の売り上げを知りたい

❷ 確認して、ご連絡します/いたします。

練習Ⅴ
1. ご連絡したいこと
2. ご報告したいこと
3. お伺いしたいこと/お尋ねしたいこと
4. お借りしたい本
5. ご相談したいこと

第2課

練習

練習 I

❋ ここでは、自分の意見を反映させた会話練習をしてほしい。営業戦略としてどのようなスキルを持った者を紹介するか作戦を立てるところがポイント。

여기에서는 자기의 의견을 반영시킨 회화연습을 했으면 좋겠다. 영업전략으로서 어떤 기술을 가진 사람을 소개할지 작전을 세우는 것이 포인트.

❋ 選択肢の❶と❷は主に用いられる表現なので、使えるようになってほしい。ほとんど挨拶のようなものだが、相手の労に感謝する表現であり、言うか言わないかでは印象が違う。

선택지 ❶과 ❷는 주로 쓰이는 표현이기 때문에 잘 쓸 수 있게끔 익혀 두기 바란다. 거의 형식적인 인사 같은 말이지만 상대방의 노고에 감사하는 표현이라 하지 않아도 된다는 식으로 생각해서는 안 된다.

ポイント・敬語

 分析しよう!

小林　大変お待たせいたしました。(1)

　　　本日はお暑い中お越しいただきまして(2)、ありがとうございます。

洪　いえ、こちらこそお忙しい中お時間⁽³⁾を取っていただきまして⁽⁴⁾、ありがとうございます。
　　こちらは弊社の技術者の金でございます。
　　日本語も堪能ですので、どのようなご要望でもおっしゃって⁽⁵⁾いただければ⁽⁶⁾と存じます⁽⁷⁾。

小林　それは心強いですね。

洪　金さん、こちらは東京メディカルの小林様です。

金　ソウル電機の金でございます。
　　いつも大変お世話になりまして⁽⁸⁾、ありがとうございます。

小林　小林でございます。こちらこそお世話になっております⁽⁹⁾。

(1) 待たせたのは話者 = 謙譲語

　　기다리게 한 것은 화자 = 겸양어

(2) 暑いのも来たのも相手 = 尊敬語

　　더운 것도 온 것도 상대 = 존경어

(3) 忙しいのは相手。時間は相手のもの = 尊敬語

　　바쁜 것은 상대. 시간은 상대의 것 = 존경어

(4) 相手に時間を取ってもらったのは自分 = 謙譲語

　　상대에게서 시간을 내어 받은 것은 자신 = 겸양어

(5) 要望を言うのは相手 = 尊敬語

　　희망사항을 말하는 것은 상대 = 존경어

(6) 要望を言ってもらうのは話者(言ってもらうことによってより良い仕事ができる) = 謙譲語

　　희망사항을 듣는 것은 화자(들음으로써 보다 나은 일을 할 수 있다) = 겸양어

(7) 考えるのは話者 ＝ 謙譲語

　　생각하는 것은 화자 ＝ 겸양어

(7)(8) お世話になっているのは話者 ＝ 謙譲語

　　도움을 받고 있는 것은 화자＝겸양어

＊ (1)〜(8) 以外の「〜です」「〜ます」は丁寧語。(1)〜(8) 이외의「〜です」「〜ます」는 정중어.

・・・・・・・

　(4)は要望を言うのは相手の行為であるため、尊敬語で「ご要望をおっしゃる」と言う。では、(3)は時間を取るのは相手の行為なのに、尊敬語で「お時間をお取りいただく」とは言わないのはなぜだろうか？

　その理由は、「貴重な時間は誰のものか」という認識が働くからだろう。ここでは、中島さんが洪さんにわざわざ自分の会社まで来てもらっている。自社で待つ中島さんは洪さんとの面会時間ぎりぎりまで仕事をしていることができるし、面会が終わればすぐに次の仕事を始めることができる。一方、洪さんは取引先まで出かけなければならず、往復の移動時間がかかる。その間仕事をすることはできない。しかも、ここでは韓国から日本へ出張しているという設定である。このような背景から、話者が相手の貴重な時間を自分のために分けてもらってありがたいと捉え、「お時間を取っていただく」という表現をする。

　(4)에서 희망사항을 말하는 것은 상대의 행위이기 때문에 존경어로「ご要望をおっしゃる」라고 한다. 그러면 (3)에서 시간을 내는 것은 상대의 행위인데도 존경어로「お時間をお取りいただく」라고 하지 않은 것은 왜일까?

　그 이유는「귀중한 시간은 누구의 것인가?」라는 인식이 작용하기 때문일 것이다. 여기서는 홍 씨가 일부러 나카시마 씨의 회사까지 와 주었다. 자사에서 기다리는 나카시마 상은 홍 씨와의 면회시간 직전까지 일을 할 수 있으며, 면회가 끝나면 바로 다음 일을 시작할 수가 있다. 한편,

홍 씨는 거래처까지 가지 않으면 안 되며, 왕복 이동하는 시간이 걸린다. 그 사이에는 일을 할 수가 없다. 게다가, 여기서는 한국에서 일본으로 출장 가 있다는 설정이다. 이러한 배경에서 화자가 상대의 귀중한 시간을 자신을 위해 내어주어서 고맙다고 생각하여 「お時間を取っていただく」라는 표현을 한다.

・・・・・・

練習

練習Ⅱ

1. お客様は、何時にいらっしゃいますか/お越しになりますか/お見えになりますか。
2. 佐藤部長さんは何を召し上がりますか。
3. この資料をご覧になりますか。
4. この資料をご覧ください。

> ＊その他、「ご覧いただけませんか」「ご覧いただけますでしょうか」「ご覧いただけませんでしょうか」などの表現もある。順に丁寧さが増す。
>
> 그 외에, 「ご覧いただけませんか」「ご覧いただけますでしょうか」「ご覧いただけませんでしょうか」 등의 표현도 있다. 순서대로 정중함이 늘어난다.

5. ご存知ですか。

練習Ⅲ 田中支店長の一日

時間	行動	❶	❷
例) 6:30	起きます。	7時にお起きになります。	7時に起きられます。
6:40	犬の散歩に行きます。	犬の散歩にいらっしゃいます。	犬の散歩に行かれます。
7:00	朝ごはんを食べます。	朝ごはんを召し上がります。	朝ごはんを食べられます。

解答・解説

時刻			
8:00	家を出ます。	ご自宅をお出になります。	ご自宅を出られます。
8:30	出勤します。	ご出勤なさいます。	ご出勤されます。
8:50	朝礼で挨拶します。	朝礼でご挨拶なさいます。	朝礼でご挨拶されます。
10:00	報告書を読みます。	報告書をお読みになります／ご覧になります。	報告書を読まれます。
11:00	重要案件を処理します。	重要案件を処理なさいます。	重要案件を処理されます。
12:30	部下と一緒に昼ごはんを食べます。	部下と一緒に昼ごはんを召し上がります。	部下と一緒に昼ごはんを食べられます。
13:30	会議に出席します。	会議にご出席なさいます。	会議に出席されます。
15:30	取引先と会います。	取引先とお会いになります。	取引先と会われます。
18:00	取引先と会食をします。	取引先と会食をなさいます。	取引先と会食されます。
20:00	退勤します。	ご退勤なさいます。	ご退勤されます。
20:30	帰宅します。	ご帰宅なさいます。	ご帰宅されます。
23:00	寝ます。	お休みになります。	休まれます。

練習Ⅳ ペアで上司役と部下役に分かれて、部下が上司のスケジュールを尋ねる会話練習をする。スケジュールは練習Ⅲで学習した表現を参考にする。その他にも学生が言いたいことや知りたいことがあれば、積極的に採用すると良い。

둘로 짝을 지어 상사 역과 부하 역으로 나누어, 부하가 상사의 스케줄을 묻는 대화 연습을 한다. 스케줄은 연습Ⅲ에서 배운 표현을 참고로 한다. 그 외에도 학생이 말하고 싶은 것이나 알고 싶은 것이 있으면 적극적으로 사용하면 좋다.

練習Ⅴ 解答例はAのみを記す。Bは学生が「です・ます体」で回答すれば良い。

해답 예시는 A만 기록한다. B는 학생이 「です・ます형」으로 답하면 된다.

1. どんな本を読みますか。

    ⇒ A：どのような本をご覧になりますか。/お読みになりますか。/読まれますか。

    > ＊ビジネス場面では、「どんな」よりも「どのような」の方が礼儀正しい印象を与える。
    > 비즈니스 관계에서는 「どんな」보다도 「どのような」로 말하는 것이 예의 바른 인상을 준다.

2. 最近映画を見ましたか。

    ⇒ A：最近映画をご覧になりましたか。/見られましたか。

3. どこに住んでいますか。

    ⇒ A：どちらにお住まいですか。/住んでいらっしゃいますか。/住まわれていますか。

    > ＊ビジネス場面では、「どこに」ではなく、「どちら」という。
    > 비즈니스 관계에서는 「どこに」가 아니라 「どちら」라고 한다.

4. 何かスポーツをしますか。

    ⇒ A：何かスポーツをなさいますか。/されますか。

5. 外国に行ったことがありますか。

    ⇒ A：外国にいらっしゃった(いらした)ことがありますか。/行かれたことがありますか。

6. 毎日何時頃寝ますか。
   ⇒ A：毎日何時頃お休みになりますか。/休まれますか。

7. お酒をよく飲みますか。
   ⇒ A：お酒をよく召し上がりますか。/お飲みになりますか。/飲まれますか。

8. 昨日の夜は何を食べましたか。
   ⇒ A：昨晩は何を召し上がりましたか。/食べられましたか。

> ＊ビジネス場面では「昨日」ではなく、「昨晩」という。
> 비즈니스 관계에서는「昨日」가 아니라「昨晩」이라고 한다.

9. 先週末は何をしましたか。
   ⇒ A：先週末は何をなさいましたか。/されましたか。

10. どんな音楽を聞きますか。
    ⇒ A：どのような音楽をお聞きになりますか。/聞かれますか。

> ＊ビジネス場面では「どんな」ではなく、「どのような」の方が礼儀正しい印象を与える。
> 비즈니스 관계에서는「どんな」가 아니라「どのような」라는 하는 것이 예의 바른 인상을 준다.

11. (他に知りたいこと)

練習Ⅵ これまで学習したことを応用して会話練習をする
지금까지 학습한 것을 응용하는 대화 연습을 한다.

第3課

練習Ⅰ

✿ 作文では、次の三点に注意する。

작문에서는 다음의 세 가지에 주의한다.

❶ 相手に関係する自分の行為を謙譲語で表現しているか。

상대방과 관련된 자신의 행위를 겸양어로 표현하고 있는가?

❷ 相手の行為を尊敬語で表現しているか。

상대방의 행위를 존경어로 표현하고 있는가?

❸ 敬語以外でもビジネス場面に適切な会話文を使用しているか。

경어 이외에도 비즈니스 관계에 적절한 표현을 사용하고 있는가?

✿「お/ご～(し)たいんですが」をセットで使うことに注意する。丁寧な表現を使おうとするあまりに、「お/ご～いたしたいんですが」とは言わないようにしよう。

「お/ご～(し)たいんですが」를 세트로 사용하는 것에 주의한다. 정중한 표현을 쓰려고 한 나머지「お/ご～いたしたいんですが」라고는 하지 않도록 하자.

1. [名詞]　新製品の打ち合わせの件で、ご相談があるんですが。

　　[動詞]　新製品の打ち合わせの件で、ご相談したいんですが。

> ＊「相談します」⇒「ご相談します」

解答・解説　215

> *「打ち合わせ」は「お打ち合わせ」とは言わない。
> 「打ち合わせ」는「お打ち合わせ」라고는 하지 않는다.

2. [名詞] 次回のお約束の件で、ご相談があるんですが。
   [動詞] 次回のお約束の件で、ご相談したいんですが。

> *「相談します」⇒「ご相談します」

3. [名詞] サンプル品の送付の件で、ご報告があるんですが。
   [動詞] サンプル品の送付の件で、ご報告したいんですが。

> *「報告します」⇒「ご報告します」

4. [名詞] 新製品の件で、伺いたい/お伺いしたいことがあるんですが。
   [動詞] 新製品の件で、伺いたい/お伺いしたいんですが。

> *「聞きたい」⇒「伺いたい/お伺いしたい」(動詞)
> ⇒「伺いたいこと/お伺いしたいこと」

5. [名詞] 明日の会議の件で、お伝えしたいことがあるんですが。
   [動詞] 明日の会議の件で、お伝えしたいんですが。

> *「伝えます」⇒「お伝えします」
>
> *ビジネス場面では、「明日」ではなく、「明日」、「明日」という。
> 비즈니스 관계에서는「아시타(明日)」가 아니라「묘니치(明日)」,「아스(明日)」라고 한다.

6. [動詞] 新製品の打ち合わせの日程の件で、ご都合をお伺いしたいんですが。

> ＊「都合」⇒「ご都合」(相手のスケジュールであるため、尊敬語を使う。)
> 　(상대의 스케줄이기 때문에 존경어를 쓴다.)
> ＊「聞きます」⇒「お伺いします」

練習Ⅱ　練習Ⅰで学習した表現を会話で使えるように練習する。

연습Ⅰ에서 배운 표현을 대화에서 쓸 수 있도록 연습하자.

ポイント！

電話で聞き間違えたときや聞こえなかったときに使える表現を学習する。

전화 통화에서 잘못 들었을 때나 잘 안 들렸을 때에 쓸 수 있는 표현을 학습하자.

第4課

練習

練習Ⅰ

1. 鈴木さん(様)のご都合がよろしければ、再来週の火曜日前後にお会いできればと存じますが。

2. 佐藤係長(さん/様)のご都合がよろしければ、来月の１８日辺りにお会いできればと存じますが。

3. 高橋部長(さん/様)のご都合がよろしければ、今月末にお会いできればと存じますが。

4. 中村課長(さん/様)のご都合がよろしければ、今月中旬にお時間を作っていただければと存じますが。

5. 渡辺社長(さん/様)のご都合がよろしければ、11月中にお時間を作っていただければと存じますが。

練習Ⅱ

1. ただ今お調べします/いたしますので。

> ＊ビジネス場面では、「今すぐ」ではなく、「ただ今」という。
> 비즈니스 관계에서는 「今すぐ」가 아니라 「ただ今」라고 한다.

2. ただ今お手続きします/いたしますので。

3. ただ今参りますので。

4. 明日までにお届けします/いたしますので。

5. ただ今お調べして、折り返しお電話します/いたしますので。

6. 3時から会議があると<u>おっしゃいましたので</u>。(「(ら)れます」：言われましたので。)

7. 昨日の会議について<u>ご報告なさいましたので</u>。(「(ら)れます」：ご報告されましたので。)

8. 来週から日本へ<u>ご出張なさる</u>と伺いました/お伺いしました/お伺いいたしましたので。(「(ら)れます」：ご出張される)

9. <u>ご昇進なさる</u>と伺いました/お伺いしましたので。(「(ら)れます」：ご昇進される)

10. 本日、プサン水産に<u>いらっしゃった</u>と伺いました/お伺いしましたので。(「(ら)れます」：行かれた)

✱ 1〜5は行為者が話者(私)であるため、謙譲語で表現する。6〜7は行為者が聞き手(相手)であるため、尊敬語で表現する。8〜10は聞き手(相手)の行為について話者(私)が述べたものである。そのため、聞き手(相手)の行為については尊敬語で表現し、話者(私)の行為(「聞いた」)は謙譲語で表現しなければならない。特に8〜9の形は行為者が聞き手と話者で変わるため混乱しやすいので、根気強く練習しよう。

1~5는 행위자가 화자(私)이기 때문에 겸양어로 표현한다. 6~7은 행위지가 듣는 사람(相手)이기 때문에 존경어로 표현한다. 8~10은 듣는 사람(相手)의 행위에 대해서 화자(私)가 말한 것이다. 그렇기 때문에 듣는 사람(相手)의 행위에 대해서는 존경어로 표현하고, 화자(私)의 행위

(「聞いた」)는 겸양어로 표현해야만 한다. 특히 8~9의 형태는 행위자가 듣는 사람과 화자로 바뀌기 때문에 혼돈하기 쉽다. 반복하여 연습하자.

練習Ⅲ

1. こちらとしましては、再来週の火曜日前後にしていただけると助かるんですが、鈴木さん(様)のご都合はいかがでしょうか。

2. こちらとしましては、来月の２５日辺りにしていただけると助かるんですが、佐藤さん(様)のご都合はいかがでしょうか。

3. こちらとしましては、今月24日辺りにしていただけるとありがたいんですが、高橋部長(さん/様)のご都合はいかがでしょうか。

4. こちらとしましては、11月20日にしていただけると助かるんですが、渡辺課長(さん/様)のご都合はいかがでしょうか。

5. こちらとしましては、来月初旬にしていただけるとありがたいんですが、佐々木社長(さん/様)のご都合はいかがでしょうか。

第5課

練習

練習I

1. 来年度の納期についてお目にかかってご相談させていただきたいのですが。
2. この件は、社に持ち帰って検討させていただきたいのですが。
3. 御社をお伺いさせていただきたいのですが。
4. 来年度の納期を変更させていただきたいのですが。
5. （自由作文）

練習II

1. 見積もり(の件/について)なん/のですが、

   確認させていただきたいところがあるん/のですが…。

   数字が合わないところがあるん/のですが…。

   計算が合わないようなん/のですが…。

2. サンプル品(の件/について)なん/のですが、

   お伺いしたい点があるん/のですが…。

   お尋ねしたい点があるん/のですが…。

教えていただきたい点があるん/のですが…。

確認させていただきたい点があるん/のですが…。

3. 今月分の支払い(の件/について)なん/のですが、

確認させていただきたい点があるん/のですが…。

金額を再度確認させていただきたいん/のですが…。

数日お待ちいただけませんでしょうか。

ご猶予をいただけませんでしょうか。

4. 来月15日の東京出張(の件/について)なんですが、

打ち合わせの時間を確認させていただきたいん/のですが…。

スケジュールをご相談させていただきたいん/のですが…。

> ＊文が長い場合には名詞化して、「〜についてなんですが」につなげる。
> 문장이 긴 경우에는 명사화시켜서, 「〜についてなんですが」로 연결한다.

5. (自由作文)

練習Ⅲ 1. 来月のお約束の件なんですが、日程の調整がつかず出張できなくなったんです。

> ＊「日程の調整がつかない」は、調整できるように努力したが、結果としてできなかったという意味を伝えることができる。類似の表現に「日程の調整ができない」があるが、これは調整ができない事実を伝えるだけで、上述のようなニュアンスは含まれない。

> 「日程の調整がつかない」는 조정하도록 노력했지만 결과적으로 되지 않았다라는 의미를 전할 수 있다. 유사 표현으로 「日程の調整ができない」가 있지만, 이것은 조정할 수 없다는 사실을 전할 뿐 위와 같은 뉘앙스는 포함되지 않는다.

2. 早急に参りたい/伺いたい/お伺いしたいのですが、来月まで出張できそうにないんです。

3. 早急にご返事ができればいいのですが/ご返事したいのですが、上司にも相談しなければならないんです。

4. (自由作文)

練習Ⅳ

1. お手数ですが、
   伝票をファックス(FAX)していただけないでしょうか。
   駅にお着きになりましたら、お電話をいただけないでしょうか。

2. 恐れ入りますが、
   ロビーは禁煙でございます。
   喫煙室はあちらでございます。
   お名前とご連絡先を教えていただけないでしょうか。

3. 誠に恐縮ですが、
   この件にお詳しい方をご紹介いただけないでしょうか。
   次回のソウル出張の際に弊社にお立ち寄りいただけないでしょうか。

4. 申し訳ありませんが、竹内はただ今席を外しております。
   在庫を切らしております。
   お客様の個人情報についてはお答えしかねます。

5. 大変申し訳ございませんが、
ご注文内容について再度ご確認いただけないでしょうか。
契約内容の検討に少々お時間をいただけませんでしょうか。

練習 V

用件提示：本日は製品Aの価格についてご相談させていただきたいんですが。

事情説明：実は、(既にご存知かとは存じますが、)原油価格が高騰して、A製品の原材料費が高くなり、一個あたりのコストが以前よりも約100円も上昇したんです。このままでは現在の品質を維持するのが難しく、質を落とすことも考えなければならないんです。

依頼提示：それで、勝手なお願いで恐れ入りますが、A製品の価格の見直しをご検討いただけないかと思いまして…。

第6課

練習

練習I 1. (よろしければ/一度/ぜひ/ぜひとも)工場を見学させていただけませんでしょうか。

> ＊依頼の目的によって、「よろしければ/ぜひ/ぜひとも/一度」などのことばを使い分けると良い。許可が必要だと考えたら、「よろしければ」を使う。こちらから強く要望している場合や相手の提案(「弊社の工場をご見学なさいますか」など)を積極的に受ける場合には、「ぜひ」や「ぜひとも」を使う。遠慮していることを示す場合には、「よろしければ」や「一度」を使う。
>
> 의뢰의 목적에 따라 「よろしければ/ぜひ/ぜひとも/一度」 등의 말을 구분해 쓰면 좋다. 허가가 필요하다고 생각하면 「よろしければ」를 쓴다. 자기 쪽에서 강하게 요청하는 경우나 상대의 제안(「弊社の工場をご見学なさいますか」 등)을 적극적으로 받아들일 경우에는 「ぜひ」나 「ぜひとも」를 쓴다. 꺼려하고 있음을 보여줄 경우에는 「よろしければ」나 「一度」를 쓴다.

2. (恐れ入りますが、よろしければ)この書類のコピーをとらせていただけませんでしょうか。

> ＊重要な書類であれば、「恐れ入りますが、よろしければ」ということばを添えて先方に許可を求めると良い。「重要な書類で簡単に頼めることではないけれども、ぜひとも手に入れたい」という気持ちを示すとより丁寧な依頼になる。
>
> 중요한 서류라면 「恐れ入りますが、よろしければ」라는 말을 덧붙여 상대방에게 허가를 구하면 좋다. 「중요한 자료로 간단히 부탁할 수 있는 것은 아니지만, 꼭 손에 넣고 싶다.」라는 기분을 보여주면 보다 정중한 의뢰가 된다.

3. お値引きについて/つきましては、上司と相談して改めてご返事させていただけませんでしょうか。

> *「~については/~につきましては」は、「~の件は/~の件については/~の件につきましては」でも良い。
> 「~については/~につきましては」는「~の件は/~の件については/~の件につきましては」라고 해도 된다.

4. この度の不手際につきまして、お目にかかってお詫びさせていただけませんでしょうか。

5. 不良品発生の原因について/つきまして(の件ですが/なんですが)、会社で調査してから改めてご連絡させていただけませんでしょうか。

練習Ⅱ

1. A：大変申し訳ございませんが、サンプル品の到着日を17日から21日に変更させていただけませんでしょうか。
   B：わかりました。10日までにお願いいたします。

2. A：恐れ入りますが、お値引きについては、社に戻ってもう一度検討させていただけませんでしょうか。
   B：わかりました。どうぞよろしくお願いいたします。

練習Ⅲ

1. A：お手数をおかけいたしますが、製品Qを20個大至急お送りいただけませんでしょうか。
   B：かしこまりました。早急に手配いたします。

> *「動詞・て形」を使う場合は、「送っていただけませんでしょうか。」
> 「動詞・て형」을 쓰는 경우,「送っていただけませんでしょうか。」

2. A：すみませんが、弊社のホームページの作成費について、見積もりを出していただけませんでしょうか。

   B：かしこまりました。早急にお見積もりを作成費して、お送りいたします。

   > ＊顧客であるAが「見積もり」を「お出しいただきたい」と一緒に使うと不自然。見積もりは取引上必須であることと、会社間の関係性としてもお金を支払う客の方が優位であるため、客の立場で使うと丁寧すぎる印象を与える。
   > 고객A가 「見積もり」를 「お出しいただきたい」라고 같이 쓰면 부자연스럽다. 견적은 거래상 필수라는 점과 회사 간의 관계로도 돈을 지불하는 손님 쪽이 우위이기 때문에, 손님의 입장에서 쓰면 너무 정중하다는 인상을 준다.
   >
   > ＊その他、「見積もりをお願いいたします」「見積もりをお願いできませんでしょうか」という言い方もできる。
   > 그 외, 「見積もりをお願いいたします」「見積もりをお願いできませんでしょうか」라고 할 수도 있다.

3. A：恐れ入りますが、製品Aの営業担当者の方のお名前をお教えいただけませんでしょうか。

   B：かしこまりました。すぐに確認して、折り返しお電話いたします。

4. A：恐れ入りますが、製品Aはモデルチェンジで在庫がなくなってしまいまして、新モデルへの変更をご検討いただけませんでしょうか。

   B：そうですか。その場合、価格はどうなるんでしょうか。

   > ＊動詞・て形を使う場合は、「検討していただけませんでしょうか。」
   > 동사・て형을 쓰는 경우는 「検討していただけませんでしょうか。」

練習Ⅳ 練習Ⅱ、Ⅲで作成した会話文をペアで練習する。

연습Ⅱ, Ⅲ에서 작성한 대화문을 둘로 짝을 지어 연습한다.

第7課

練習

練習I 1. A：恐れ入りますが、先日お送りした請求書の件なんですが、まだご入金いただいていないようですので、できれば本日中にご入金いただけませんでしょうか。

　　　　B：大変申し訳ございません。

　　　　　しかし、本日中はちょっと(難しいんですが)…。

　　　　　今週中には必ず入金いたしますので、ご猶予/お許しいただけないでしょうか。

　　　　A：わかりました。それでは、できるだけ早くご入金いただけますようお願いいたします。

　　　　B：かしこまりました。ありがとうございます。

2. A：製品Aの件なんですが、もう少し仕入れ価格を下げていただけませんでしょうか。

　　　　B：申し訳ありませんが、これ以上はちょっと(難しいんですが)…。

　　　　A：そこを何とかお願いできませんでしょうか。

> ＊「ご無理は承知しておりますが」と言うこともできる。
> 「ご無理は承知しておりますが」이라고 할 수도 있다.

3. A：よろしければ、新製品Aをぜひお試しいただきたいのですが。

   B：あいにくですが、いい製品だとは思うんですが/存じますが、当社ではすでに他社の製品を使用しておりまして…。

   A：そうですか。では、次の機会にお願いいたします。

4. A：この機械の写真を撮らせていただいてもよろしいでしょうか。

   B：申し訳ありませんが、現段階では、まだ社外秘ですので…。

   A：そうですか。かしこまりました。

> ＊「さようでございますか」もよく使う。
> 「さようでございますか」도 잘 쓴다.

5. A：一度御社にお伺いして、(お)見積もりだけでもご覧いただきたいのですが…/ご覧いただけませんでしょうか。

   B：申し訳ありませんが、今回は見合わせます。

   A：さようでございますか。では、また次の機会にお願いいたします。

6. (自由作文)

練習Ⅱ 練習Ⅰで作成した会話文をペアで練習する。

연습Ⅰ에서 작성한 대화문을 둘로 짝을 지어 연습하자.

解答・解説　229

第8課

表現

 分析しよう！

1) ご注文いただきましてありがとうございます

2) ご注文くださいましてありがとうございます。

いずれも相手の行為に対する感謝を表す。ここでは、「いただく」と「くださる」が授受表現の「もらう」と「くれる」の違いと同様に、「誰がどうした」の「誰が」の捉え方によって二通りの言い方ができることを理解してほしい。1は「弊社が(御社に)注文をしてもらった」という視点から感謝を述べ、2は「御社が(弊社に)注文をしてくれた」という視点から感謝を述べている。

어느 것이나 상대의 행위에 대한 감사를 나타내고 있다. 여기서는 「いただく」와 「くださる」가 수수표현의 「もらう」와 「くれる」의 차이와 같이, 「누가 어찌 했다」고 할 때의 「누가」를 파악하는 방법에 따라 두 가지로 말할 수 있다는 것을 이해하길 바란다. 1은 「弊社が(御社に)注文をしてもらった」라고 하는 시점에서 감사를 전하고, 2는 「御社が(弊社に)注文をしてくれた」라는 시점에서 감사를 전하고 있다.

練習Ⅰ 解答例は「(て)いただく」のみだが、「(て)くださる」でも良い。

해답 예는 「(て)いただく」뿐이지만, 「(て)くださる」라고 해도 된다.

1. 注文する

    注文していただきましてありがとうございます。

    ご注文いただきましてありがとうございます。

2. 検討する

    検討していただきましてありがとうございます。

    ご検討いただきましてありがとうございます。

3. 来る

    お越しいただきましてありがとうございます。

    お出でいただきましてありがとうございます。

    お見えいただきましてありがとうございます。

> ＊「いらっしゃっていただきましてありがとうございます」は不自然。
>
> 「いらっしゃっていただきましてありがとうございます」는 부자연스럽다.

4. 支払う

    支払っていただきましてありがとうございます。

    お支払いいただきましてありがとうございます。

> ＊上記の表現は店舗側と客の間で用いる表現で、やや業務的である。人づきあいで食事の代金などを払ってもらったときは、「ご馳走さまでした」と言おう。
>
> 위 표현은 가게 측과 손님 사이에서 쓰이는 표현으로 조금 사무적인 느낌이 있다. 다른 이와 교제에서 상대가 식사비를 지불했을 때는 「ご馳走さまでした」라고 하자.

練習 Ⅱ 解答例は「いただく」のみだが、「くださる」でも良い。

해답 예시는 「いただく」뿐이지만, 「くださる」라고 해도 된다.

1. A：契約期間をご延長いただきまして、ありがとうございます。

   > ＊状況によって表現が変わる。電話でお礼を言うのならば、「ぜひお礼を申し上げたく、お電話いたしました。」と言うことができる。取引先を訪問してお礼を言うのならば、「お目にかかってお礼を申し上げたく、お伺いいたしました。」と言うことができる。
   > 상황에 따라 표현이 바뀐다. 전화로 감사의 말을 전할 때라고 하면, 「ぜひお礼を申し上げたく、お電話いたしました。」라고 할 수가 있다. 거래처를 방문해서 감사의 말을 할 때라면 「お目にかかってお礼を申し上げたく、お伺いいたしました。」라고 할 수 있다.

   B：どういたしまして。弊社としましても、またご一緒に仕事ができてうれしく思っております。

2. A：本日はお忙しいところ、新プロジェクトの説明会にご出席いただきまして、ありがとうございます。

   B：いえ、こちらこそありがとうございました。
   大変興味深くお話を伺いました。

   > ＊他に、「お話をお伺いいたしました」「拝聴いたしました」なども可。
   > 그 외에, 「お話をお伺いいたしました」「拝聴いたしました」 등도 가능하다.

3. A：先日お送りした資料はお役に立ちましたでしょうか。

   > ＊「送ってあげた」「送って差し上げた」とは言わないように注意しよう。「〜(て)あげる」は韓国語ほど頻繁には使わない。日本語で言ってしまうと、「自分に感謝するべきだ、感謝してほしい」という好意を押し付けるような

> 印象を与えることがある。特に、仕事などのフォーマルな場面、目上の人やあまり親しくない人に対しては、できるだけ使わない方が無難である。
>
> 「送ってあげた」「送って差し上げた」「~(て)あげる」는 한국어에서처럼 자주 쓰지 않는다. 일본어에서 이렇게 말해 버리면 「자신에게 감사해야만 한다, 감사했으면 좋겠다」라는 호의를 요구하는 인상을 주게 된다. 특히 사업 관계 등의 격식 있는 자리, 손윗사람이나 별로 친하지 않은 사람에게 가능하면 쓰지 않는 편이 좋다.

　　　B：ええ、大変貴重な資料をお送りいただきまして、ありがとうございました。おかげさまで無事にプレゼンを終えることができました。大変助かりました。

4. A：先日ご紹介いたしましたE社との契約はどうなりましたか/どうなったんですか。

> ＊3と同様に、「紹介してあげた」「ご紹介して差し上げた」とは言わないように注意しよう。
>
> 3과 같이「紹介してあげた」「ご紹介して差し上げた」라고 하지 않도록 주의하자.

　　　B：Aさん/さまにお力添えいただきまして、E社と新しく契約することができました。Aさん/さまにはE社をご紹介いただきまして、大変感謝しております。

| 練習Ⅲ | 練習Ⅱで作成した会話文を応用して練習する。
연습Ⅱ에서 작성한 대화문을 응용하여 연습한다.

| 練習Ⅳ | これまで学習したことを応用して会話練習をする。
지금까지 학습한 것을 응용하여 대화 연습을 한다.

解答・解説

ポイント・敬語

練習V

1. 鈴木：はい、ソウル物産、海外営業部の鈴木でございます。

   坂井：私、東京物産の坂井と申しますが、田中様はいらっしゃいますでしょうか。

   鈴木：はい、いらっしゃいます。少々お待ちくださいませ。
   　　　　　　おります

   （田中さん、ソウル物産の鈴木と申す人からお電話です。）
   　　　　　　　　　　　鈴木様とおっしゃる方/いう方

   > ＊「～とおっしゃる方/～という方」は言わずに「鈴木様からお電話です」と言うこともできる。「～とおっしゃる方/～という方」を使うと、ソウル物産との付き合いが浅く（あるいは付き合いがない）、あまり面識がないことを示す。既に付き合いがある場合は、相手に失礼になるため、「～様からお電話です」と言おう。
   >
   > 「～とおっしゃる方/～という方」라고 하지 않고, 「鈴木様からお電話です」라고 할 수도 있다. 「～とおっしゃる方/～という方」를 쓰면 서울 물산과의 관계가 얕고(아니면 관계가 없는), 별로 면식이 없음을 나타낸다. 이미 관계가 있는 경우, 상대에게 실례가 되기 때문에 「～様からお電話です」라고 하자.

2. 矢野：佐藤部長さんにお目にかかりたいのですが。

   宮谷：申し訳ございませんが、あいにく佐藤部長さんは
   　　　　　　　　　　　　　　　　　　佐藤

   上海へ出張していらっしゃいます。
   　　　　出張しております

   矢野：さようでございますか。

それでは、日を改めて来ます。
　　　　　　　　　　　伺います/お伺いいたします/参ります

3. 田村：長野さんはお元気でいらっしゃいますか。

　　大橋：ええ、おかげさまでお元気でいらっしゃいます。
　　　　　　　　　　　　　　元気にしております

　　　　長野さんも本日一緒にいらっしゃりたいと
　　　　　　　　　　　　　伺いたい/お伺いしたい/参りたい

　　　　おっしゃっていたんですが、
　　　　申していたんですが/申しておりましたが

　　　　ご都合が悪くなられて…。
　　　　都合が悪くなってしまいまして

　　田村：そうですか。お忙しそうですね。

　　田村：ええ、お忙しいんですよ。
　　　　　　忙しくしております

第9課

表現

 分析しよう！

　「さようでございますか」も「そうですか」も同じ丁寧語である。しかし、いつでもどこでもより丁寧な「さようでございますか」を使うわけではなく、学生には二つを話題や状況、立場によってどのように使い分けるのかを考えてほしい。難しい問題ではないので、ペアかグループで話し合わせるとウォームアップになって良いだろう。

　会話例では洪は「さようでございますか」、加藤は「そうですか」を一貫して使っている。まず関係性を捉えると、ソウル電機にとって、名古屋技研は客である。ここにまず立場の差がある。しかし、このような取引先との立場の違いだけで、表現を使い分ける必要はない。

　使い分けのポイントは、ソウル電機が取引上あってはならないミスをしてしまったことにある。洪にとっては自社のミスに対し、最大限の対応と謝罪をし、今後も関係を継続できるようにしなければならない。この一回のミスで信用を失い、契約を打ち切られる危険性もあるからだ。一方、名古屋技研にとっては、ソウル電機のミスは自社の顧客を失うことになりかねないことである。そうなったときの会社の損失は大きい。加藤にとっては、事態の深刻さを伝えるとともに相手から最大限の対応を引き出さなければならない。それがことばの使い方に表れている。

学生には会話例の他の表現も分析させてみると良い。洪と加藤の表現では尊敬語、謙譲語、丁寧語のどれが使われているかを分析すると、ミスをしてしまった側の洪は尊敬語と謙譲語を最大限に使っているのがわかる。一方、被害を受け、苦情をいう側の加藤はできるだけ丁寧語で対応しているのがわかる。もしここで加藤が尊敬語と謙譲語をふんだんに使ったとしたら、ソウル電気のミスがあってはならないことであり、迅速な対応をしてもらわなければならないという事態の深刻さ、緊迫感が薄れるだろう。ソウル電気側はそれほど深刻だとは思わないかもしれない。しかし、苦情をいうときであっても、丁寧語で丁寧に対応することに注意しよう。

「さようでございますか」도 「そうですか」도 같은 정중어이다. 그러나 언제 어디서나 보다 정중한 「さようでございますか」를 쓰는 것은 아니다. 학생은 이 두 가지를 화제나 상황, 입장에 따라 어떻게 구분해 쓰는지 생각하기 바란다. 어려운 문제는 아니므로 둘이나 그룹으로 나누어 서로 이야기하게 하면 워밍업이 되어 좋을 것이다.

대화 예문에서 홍은 「さようでございますか」, 카토는 「そうですか」를 일관되게 쓰고 있다. 우선 관계성을 파악하면, 서울전기에게는 나고야기연이 손님이다. 여기에 우선 입장의 차가 있다. 그러나 이러한 거래처와의 입장 차이만으로 표현을 구분해 쓸 필요는 없다.

구분해서 쓰는 포인트는 서울전기가 거래상 있어서는 안 될 실수를 해 버린 것에 있다. 홍에게는 자사의 실수에 대해 최대한의 대응과 사죄를 하여 앞으로도 관계를 계속할 수 있도록 해야만 한다. 이 한 번의 실수로 신용을 잃고 계약을 중지 당할 위험성도 있기 때문이다. 한편, 나고야기연에게 있어서 서울전기의 실수는 자사의 고객을 잃어버리게 할지도 모를 만한 일이다. 그렇게 되었을 때 회사의 손실은 크다. 가토로서는 사태의 심각함을 전달함과 동시에 상대에게 최대한의 대응을 끌어내지 않으면 안 된다. 이러한 것들이 말의 사용법에 드러나 있다.

학생에게는 대화 예문 이외의 표현도 분석하게 하는 것이 좋다. 홍과 카토의 표현에서는 존경어, 겸양어, 정중어 중 어떤 것이 쓰이고 있는지를 분석해 보면, 실수를 한 쪽인 홍은 존경어와 겸양어를 최대한으로 쓰고 있는 것을 알 수 있다. 반대로, 피해를 입고, 클레임을 제기하는 쪽인 카토는 가능한 한 정중어로 대응하고 있는 것을 알 수 있다. 만약 여기서 카토가 존경어와 겸양어를 많이 썼다면 서울전기의 실수가 있어서는 안 되는 것이고, 신속한 대응을 요구하지 않으면 안 되는 사태의 심각성, 긴박감이 떨어질 것이다. 서울전기 쪽은 그렇게 심각하다고 생각하지 않을지도 모른다. 그러나 클레임을 제기할 때에도 정중어로 정중하게 대응하는 것에 주의하자.

練習

練習 I

1. A：先日お送りいただいた(/送っていただいた)製品Xの件ですが、説明書が入っていなかったんですが…。

   B：そうですか。それは誠に申し訳ございません。
   早急に配送手配いたします。

2. A：請求書の件ですが、金額が見積もりと違っているようなんですが…。

   B：そうですか。それは誠に申し訳ございません。
   至急確認して、折り返しご連絡いたします。

3. A：今回お送りいただいた部品の件ですが、数が足りないようなんですが…。

   B：出荷記録を至急確認して、折り返しご連絡いたします。
   恐れ入りますが、おおよその不足数がわかれば教えていただきたいのですが…。

4. A：今回の納品の件ですが、弊社(当社)が発注したものと違う製品が届いているんですが…。

   B：そうですか。それは誠に申し訳ございません。
   至急確認して、折り返しご連絡いたします。
   念のため、ご注文の製品番号と誤送の製品番号を教えていただけま

せんでしょうか。

5. A：見積もりの件ですが、御社からご連絡をいただくことになっていたんですが、まだご連絡をいただいていないんですが…。どうなっているんでしょうか。

    B：お待たせして申し訳ありません。検討に時間がかかっておりまして。

6. (自由作文)

練習Ⅱ 練習Ⅰで作成した会話文を応用して練習する。
연습Ⅰ에서 작성한 대화문을 응용하여 연습한다.

練習Ⅲ

1. A：この度の納品の件ですが、こちらの手違いで納品が遅れてしまい、大変申し訳ありませんでした。

    B：今回はなんとか対処できましたが、次回から気をつけてください。／気をつけていただかないと…。

    > ＊「～(て)ください」は「～(て)いただかないと」と言うこともできる。
    > 「～(て)ください」는「～(て)いただかないと」라고 해도 된다.

2. A：先日お送りした製品Xの件ですが、(こちらの不手際で)説明書をお入れしておらず、大変申し訳ありませんでした。

    B：至急お送りいただいたので、事なきを得ました。しかし、今後はこのような初歩的なミスをしないように注意してください。

3. A：お見積もりの作成の件ですが、ご連絡もせずに、大変お待たして申し訳ございません。

   B：結果的には善処していただきましたので…。しかし、今後もお取引する上では、すぐにご連絡いただけないのなら、その旨お知らせいただかないと(/いただかないと困ります)。

4. （自由作文）

練習Ⅳ　これまで学習したことを応用して会話練習をする。

지금까지 학습한 것을 응용해서 대화 연습을 한다.

第10課

練習

練習I 会話例をグループで練習する。대화 예문을 그룹을 만들어 연습한다.

練習II
1. この度、共同プロジェクトに参加させていただきます金でございます。
2. この度の企画の責任者を務めさせていただきます金でございます。
3. 今月から私の後任として東京商事様をご担当させていただきます斎藤でございます。
4. （自由作文）

練習III
1. これ以上価格を抑えるのは難しいかと存じます。
2. 会議は延期した方がよろしいかと存じます。
3. 早急に打ち合わせをした方がよろしいかと存じます。
4. 日本支社設立は再来年になるかと存じます。
5. 次回は完成度の高いものをご覧いただけるかと存じます。

> ＊「ご覧いただける」は、行為者の視点を変えて「お見せできる」と言うこともできる。前者は尊敬語「ご覧になる」、後者は謙譲語「お見せする」である。

> 「ご覧いただける」는 행위자의 시점을 바꾸어 「お見せできる」라고 할 수도 있다. 전자는 존경어 「ご覧になる」, 후자는 겸양어 「お見せする」이다.

6. 早急にご確認なさった方がよろしいかと存じます。

> ＊下線部は「確認された」でも良い。
> 밑줄 친 부분은 「確認された」라고 해도 된다.

7. できるだけ具体的に戦略をお立てになった方がよろしいかと存じます。

> ＊下線部は「立てられた」でも良い。
> 밑줄 친 부분은 「立てられた」라고 해도 된다.

8. 召しあがれるときに召しがっておかれた方がよろしいかと存じます。

9. 今のうちに少しでもお休みになっておかれた方がよろしいかと存じます。

10. (自由作文)

練習Ⅳ 「〜方」の後の助詞は述部の取る助詞に従う。1〜4は例文通りに「〜方」の後の助詞に「が」を取るものである。5〜9は助詞が変わるものである。

「〜方」 뒤의 조사는 술어부가 취하는 조사에 따른다. 1〜4는 예문대로 「〜方」 뒤의 조사에 「が」를 취한 것이다. 5〜9는 조사가 바뀐 것이다.

1. 新聞広告の方がより多くの消費者の目に触れるんじゃないでしょうか。

2. コンパクトな方が消費者の受けがいいんじゃないでしょうか。

3. 環境に優しい方が重要なんじゃないでしょうか。

4. あざやかな方が消費者の関心を引くんじゃないでしょうか。

5. 品質の方を消費者は重視しているんじゃないでしょうか。

> ※「〜を重視する」に合わせて、「〜方」の後の助詞も「を」にする。
> 「〜を重視する」에 맞춰서 「〜方」 뒤의 조사도 「を」가 된다.

6. 雇用の安定の方に企業の責任があるんじゃないでしょうか。

> ※「〜に責任がある」に合わせて、「〜方」の後の助詞も「に」にする。
> 「〜に責任がある」에 맞춰서 「〜方」 뒤의 조사도 「に」가 된다.

7. ブランドイメージの方に先方は関心を持っていらっしゃるんじゃないでしょうか。

> ※「〜に関心を持つ」に合わせて、「〜方」の後の助詞も「に」にする。
> 「〜に関心を持つ」에 맞춰서 「〜方」 뒤의 조사도 「に」가 된다.
> ※「関心を持つ」の行為者は「先方(＝取引先)」であるため、敬語を使わなければならないことに注意する。一般的に相手がその場にいなくても敬語を使う。
> 「関心を持つ」의 행위자는 「先方(＝取引先)」이기 때문에 경어를 써야만 한다는 것에 주의한다. 일반적으로 상대가 그 자리에 없어도 경어를 쓴다.
> ※下線部は「お持ちなんじゃないんでしょうか」でも良い。
> 밑줄 친 부분은 「お持ちなんじゃないんでしょうか」라고 해도 된다.

8. 対応の遅れの方をお客様は問題視していらっしゃるんじゃないでしょうか。

> ※「〜を問題視する」に合わせて、「〜方」の後の助詞も「を」にする。
> 「〜を問題視する」에 맞춰서 「〜方」 뒤의 조사도 「を」가 된다.
> ※下線部は「問題視なさっている」でも良い。
> 밑줄 친 부분은 「問題視なさっている」라고 해도 된다.

9. 市場拡大の方に先方は関心がおありなんじゃないでしょうか。

> ＊「〜に関心がある」に合わせて、「〜方」の後の助詞も「に」にする。
> 「〜に関心がある」에 맞춰서「〜方」뒤의 조사도「に」가 된다.

10. （自由作文）

練習Ⅴ 会話がどのような状況で行われているかによって、Bは様々な解答の仕方が可能である。授業では他の学生の解答も一緒に検討して、参考にしてほしい。

대화가 어떠한 상황에서 진행되는지에 따라 B는 여러 가지 방법으로 대답할 수 있다. 수업에서는 다른 학생의 대답도 같이 검토하여 참고하길 바란다.

1. A：よろしければ関連資料を探してみましょうか。

   B：お願いできますか。そうしていただけると助かります。

2. A：よろしければ市場調査をしましょうか。

   B：そうですね…。しかし、今回は時間がありませんので、市場調査はできないかと存じます。

3. A：よろしければ御社へお伺いして、デモンストレーションをいたしましょうか。

   B：ええ、お願いできますか。弊社の関係者を集めておきますので。

4. A：よろしければ弊社の他の製品をご紹介いたしましょうか。

   B：そうですね…。せっかくですが今回は見送らせていただきます。

5. A：よろしければ見積もりをお出しいたしましょうか。

　　B：そうですね。お願いします。
　　　　見積もりを拝見してから、検討させていただきます。

6.（自由作文）

練習Ⅵ　これまで学習したことを応用して会話練習をする。

지금까지 학습한 것을 응용하여 대화 연습을 한다.

解答・解説　245

おわりに

　本教科書の作成にあたり、多くの方々のお力添えをいただきました。

　高麗大学校の蔡盛植先生には本著執筆の機会といつも温かい励ましのことばをいただきました。金泰賢先生と宋惠敬先生にはコラムの執筆と教科書の使い手としての視点から貴重なご意見を多々いただきました。また、日語日文学科の大学院生には日本語のルビ振りや翻訳、校正など手間のかかる作業を丁寧にしてもらいました。韓日のビジネス界についても、個々にお名前を挙げることはできませんが、韓国の日本企業でご活躍されている多くの方々のご経験とお知恵を拝借させていただきました。コミュニケーションの取り方や問題発生時の対応の仕方など、韓国の日系企業の職場の実態を率直に教えていただいたことは、本著の内容を充実させる上で大変参考になりました。就職活動については、大学の就職支援者としての立場から立命館大学の栗山剛さん、就職活動経験者としての立場から株式会社ベネッセコーポレーションの嘉村真裕子さんに詳細に教えていただき、日本企業での就職活動について現状に即した内容を盛り込むことができました。皆さまに厚く御礼を申し上げます。

　最後に、同僚であった金津日出美先生には、着想から完成まで全ての過程において、多大なご尽力をいただきました。常に冷静で的確な判断とアドバイスがあったからこそ、充実した内容に仕上げることができました。心より感謝申し上げます。

본 교과서를 작성하는 데 많은 분들이 힘써주셨습니다.

고려대학교 채성식 교수님께서는 이 책을 쓸 기회를 주셨고, 더불어 언제나 따뜻한 격려의 말씀을 해 주셨습니다. 김태현 선생님, 송혜경 선생님께서는 칼럼 집필과 교과서 사용자 입장에서 다양하고 귀중한 의견을 주셨습니다. 또한 일어일문학과 대학원생들은 일본어 읽는 법이나 번역, 교정 등 손 가는 작업을 열심히 해 주셨습니다. 일한 비즈니스계에 대해서도 일일이 이름을 말씀드리지는 않겠습니다만, 한국의 일본기업에서 활약하는 많은 분들의 경험과 지혜를 얻었습니다. 커뮤니케이션 소통 방법이나 문제 발생 시의 대응법 등, 한국의 일본계 기업의 직장 실태를 솔직하게 알려 주셔서 이 책의 내용을 충실히 하는 데에 대단히 큰 도움이 되었습니다. 취직활동에 대해서는 대학의 취직 지원자로서의 입장에서 리쓰메이칸대학의 구리야마 쓰요시 씨, 취직활동 경험자의 입장에서는 주식회사 베넷세 코포레이션의 가무라 마유코 씨에게 상세하게 말씀을 들어, 현재 일본에서 이루어지는 기업 취직활동에 대한 내용을 넣을 수 있었습니다. 모든 분들에게 깊은 감사의 말씀드립니다.

마지막으로 고려대학교 동료이었던 가나즈 히데미 교수님께는 착상부터 완성까지 모든 과정에서 큰 도움을 받았습니다. 언제나 냉정하고 정확한 판단과 조언이 있었기에 충실한 내용으로 완성할 수 있었습니다. 진심으로 감사드립니다.

2011年 6月
原みずほ 하라 미즈호

▌**저   자** : 하라 미즈호(原みずほ)
　　　　　조에쓰교육대학 대학원 학교교육연구과 준교수

▌**칼럼 집필자** : 가나즈 히데미(金津日出美) 고려대학교 일어일문학과 부교수
　　　　　　　김태현(金泰賢) 고려대학교 일본연구센터 HK연구교수
　　　　　　　송혜경(宋惠敬) 고려대학교 일본연구센터 HK연구교수

KUJAP시리즈

비즈니스 일본어

초판 1쇄 발행 2011년 8월 31일

저　자　하라 미즈호(原みずほ)
발행자　최명선
펴낸곳　도서출판 **l문** (등록 제209-90-82210)

주　소　서울특별시 성북구 보문동7가 11번지
전　화　929-0804(편집부), 922-2246(영업부)
팩　스　922-6990
ISBN　978-89-94427-09-6 13730
정　가　12,000원

* 이 책의 판권은 지은이에게 있습니다.
　지은이의 서면 동의가 없는 무단 전재 및 복제를 금합니다.

* 잘못된 책은 바꾸어 드립니다.